Die Reitabzeichen 10-6

der Deutschen Reiterlichen Vereinigung

Bibliografische Information der Deutschen Nationalbibliothek
Die Deutsche Nationalbibliothek verzeichnet diese Publikation in der Deutschen Nationalbibliografie; detaillierte bibliografische Daten sind im Internet über http://dnb.dnb.de abrufbar.

5. Auflage 2026

Herausgeber
Deutsche Reiterliche Vereinigung e.V. (FN), Team Ausbildung

Texte/Gesamtredaktion
Lina-Sophie Otto, Deutsche Reiterliche Vereinigung e.V. (FN), Warendorf, Team Ausbildung

Korrektorat
Jana Scholz, Stuttgart

Titel- und Umschlagfotos
Archiv der Deutschen Reiterliche Vereinigung e.V. (FN) (© Thoms Lehmann)

Nachweis Fotos und Illustrationen
siehe Seite 135

Gesamtgestaltung
Ute Schmoll, Captain Pixel, Bad Schwalbach

Druck und Verarbeitung
Westermann Druck Zwickau GmbH

ISBN 978-3-88542-682-0

Hinweis
Wenn die männliche Form verwendet wird, meint sie die Funktion und nicht die konkrete Person und spricht gleichberechtigt Angehörige jeden Geschlechts an. Alle erwähnten Bestimmungen gelten für Pferde und Ponys, sofern für Ponys nicht ausdrücklich eine andere Regelung aufgeführt ist.

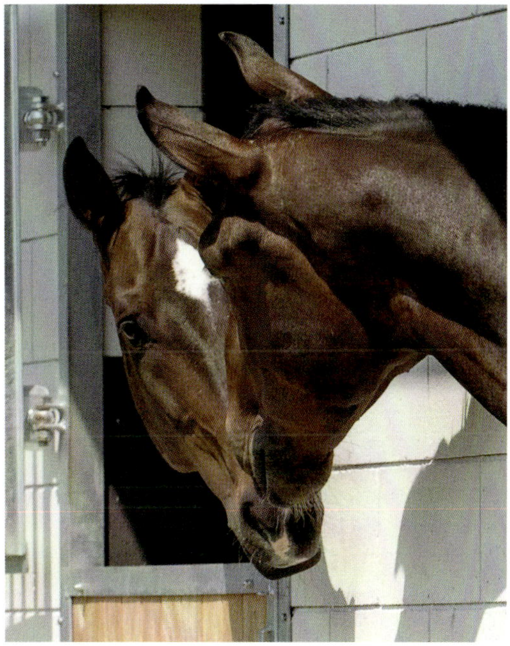

1 Allgemeines zu den Abzeichen im Pferdesport

Reiten lernen in kleinen Schritten - das ist die Idee des Reitabzeichen-Systems. Alle Reiter können zehn verschiedene Abzeichen ablegen. Die Reitabzeichen 10 bis 6 sind für den Einstieg gedacht. Sie können in beliebiger Reihenfolge und beliebig oft wiederholt werden. Die Reitabzeichen 5 bis 1 sind hintereinander zu absolvieren. Sie dienen neben der Überprüfung des **Ausbildungsfortschritts** auch dem Einstieg in den Turniersport. Das ist aber nur zweitrangig. In erster Linie zeigen die Reitabzeichen, wie weit du in deiner Ausbildung schon gekommen bist.

Durch die vielen kleinen Schritte findet jeder Reiter ein passendes Abzeichen. Dabei steigen die Anforderungen von Abzeichen zu Abzeichen schrittweise an. Die Reihenfolge einzuhalten, macht also Sinn. Wer aber zum Beispiel länger pausieren musste, der kann auch erst einmal wieder klein anfangen oder ein Abzeichen einfach wiederholen.

Dabei zeigst du in den Abzeichen nicht nur, dass du gut - also sicher und pferdegerecht - reiten kannst. Auch dein Wissen und Können im Umgang mit dem Pferd sind gefragt. In den Stationsprüfungen zeigst du, dass du Aufgaben rund ums Pferd eigenständig lösen kannst und viel über Pferde weißt. Die Sicherheit im Umgang mit dem Pferd und beim Reiten steht dabei an oberster Stelle: Wer ein Abzeichen gemacht hat, der kann gut mit Pferden umgehen. Das trägt auch zum **Tierschutz** bei.

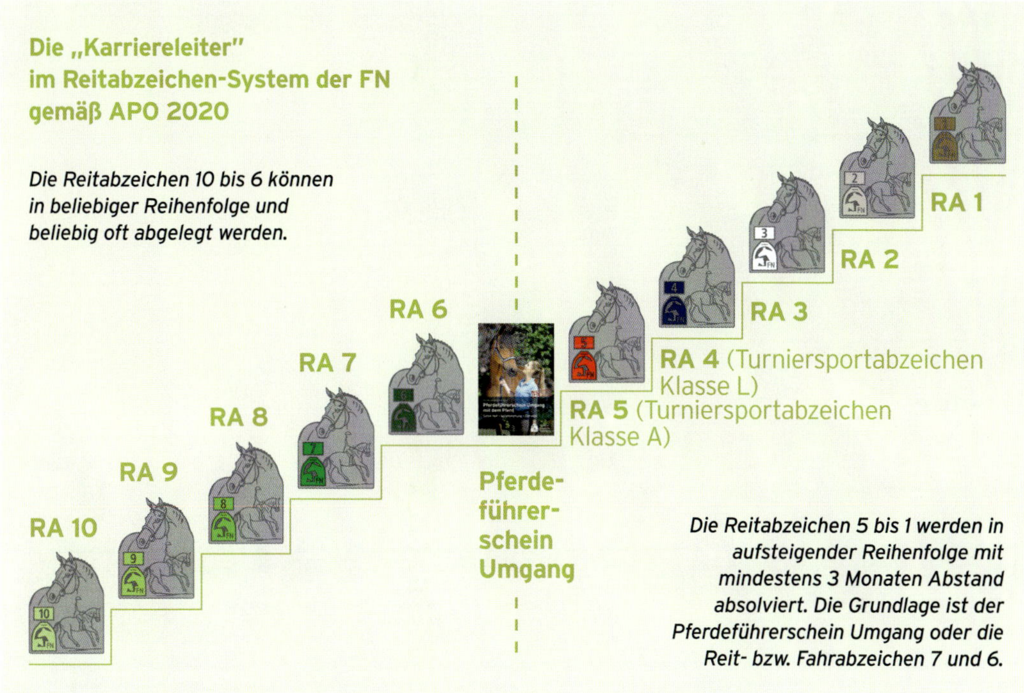

Mit dem Abzeichen zeigst du allerdings nicht nur bei der Prüfung, sondern auch nach außen, dass du Pferde liebst und dich gut auskennst. Die Abzeichen sind ganz bewusst für alle Pferdefreunde gemacht: für Einsteiger, Anfänger und Fortgeschrittene, für Kinder, Jugendliche und Erwachsene.

Auf den Punkt gebracht

- Es gibt insgesamt zehn Reitabzeichen.
- Alle Altersklassen können alle Abzeichen ablegen.
- Vor jeder Reitabzeichenprüfung findet ein Vorbereitungslehrgang statt.
- Alle Abzeichen können jährlich wiederholt werden.
- Die Bodenarbeit als Grundlage für Sicherheit und das Wohl der Pferde ist Bestandteil der Abzeichen.
- Die vielseitige Grundausbildung des Reiters ist die Basis aller Abzeichen.
- Die Stationsprüfungen überprüfen das theoretische Wissen möglichst praxisnah.
- Bei den RA 10 bis 6 gibt es keine Noten, das Ergebnis lautet: bestanden oder nicht bestanden.
- Die RA 7 und 6 oder der Pferdeführerschein Umgang sind Voraussetzung für die RA 5 bis 1
- Die Teilnahme steht Reitern mit und ohne Behinderung gleichermaßen offen.

In ihrer Herde fühlen Pferde sich wohl.

2 Die Natur des Pferdes: Unsere Pferde – faszinierende Tiere

Um gut und sicher mit deinem Pferd umgehen zu können, brauchst du Kenntnisse über ihre Natur, ihre Herkunft und ihr Verhalten. Nur dann kannst du im Stall, auf der Weide, beim Führen, Reiten und Verladen auch wirklich richtig – also pferdegerecht – handeln. Dafür werfen wir zunächst einmal einen Blick zurück auf die Geschichte der Pferde.

2.1 Entwicklungsgeschichte: Woher kommen unsere Pferde?

Die Geschichte des Pferdes begann vor ungefähr 60 Millionen Jahren. Damals gab es die Urform unserer heutigen Pferde: das **Eohippus** mit vier Zehen. Es lebte in Wäldern, war in etwa

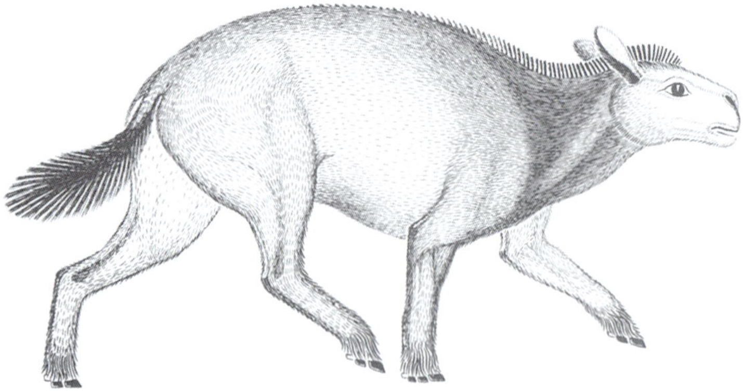

Zwei Partner, die sich gut verstehen

so groß wie ein Fuchs und ernährte sich von Laub. Im Laufe der Geschichte verließ das Eohippus den Wald und zog in die Steppe, weil es dort Gras zu fressen gab. Es wurde größer, lief zunächst auf drei und dann auf einer Zehe und stellte sein Gebiss auf das Fressen von harten Gräsern um. Der Wechsel des Lebensraums brachte aber noch mehr Veränderungen mit sich: In der Steppe war das Pferd ständig auf der Suche nach Fressbarem und legte dabei weite Strecken zurück. Bei Gefahr musste es schnell vor Feinden fliehen. So wurde das Pferd zu einem hochspezialisierten **Lauf- und Fluchttier** mit sehr sensiblen Sinnesorganen. Das Überleben war dabei in der Gruppe am sichersten, darum schlossen sich Pferde in Herden zusammen. Innerhalb ihrer Herde gab es eine bestimmte **Rangordnung**, der alle folgten.

Dieses ursprüngliche Verhalten zeigen unsere Pferde auch heute noch. Ihre natürlichen Bedürfnisse haben sich im Laufe der Entwicklung nicht verändert. Alle Pferde – egal ob Shetty, Hannoveraner oder Shire Horse – sind immer noch Steppentiere, Fluchttiere und Herdentiere. In jedem Pferd steckt immer noch ganz viel Wildpferd. Nach wie vor können Pferde in entsprechenden Lebensräumen auch ohne Betreuung durch den Menschen gut überleben.

Auf den Punkt gebracht

- Das gesamte Verhalten des Pferdes ist an das Leben als Flucht- und Herdentier in den Weiten der Steppe angepasst und hat sich im Grunde bis heute nicht verändert. Wer sich als Mensch mit dem Pferd beschäftigt, muss sich in das Pferd hineinversetzen – sozusagen seine Sprache lernen. Nur dann kann er sein Pferd verstehen und in eine harmonische Kommunikation mit dem Pferd eintreten.

Abstand halten für mehr Sicherheit

2.2 Verhaltensbiologie: Wie leben Pferde in der Natur?

Nur wer das Verhalten der Pferde kennt und versteht, kann gut mit ihnen umgehen. Denn alle Reaktionen des Pferdes im Umgang und beim Reiten lassen sich aus seiner Natur ableiten.

Herdentier – gemeinsam sind wir stark

In der Herde mit vielen aufmerksamen Mitgliedern ist das Pferd als Pflanzenfresser viel besser vor Fressfeinden geschützt als ein einzelnes Tier. Innerhalb der Herde gibt es eine klare Hierarchie, an deren Spitze ein erfahrenes Leittier steht. Über die **Rangordnung** entscheidet zum Beispiel, wie alt das Pferd ist oder wie lange es schon zur Herde gehört. Dabei ist die Reihenfolge innerhalb der Herde nicht „in Stein gemeißelt", sondern kann sich auch verändern. Diese Veränderbarkeit der Rangordnung zwischen den Pferden ist für uns wichtig, denn für das Pferd ist der Mensch ein Teil der Herde. Nur wenn du als **ranghöheres Herdenmitglied** akzeptiert wirst, kannst du sicher mit dem Pferd umgehen. Das kann man nicht automatisch, dafür braucht es viele Jahre Übung und Erfahrung. Aus diesem Grund sollten zum Beispiel Kinder oder unerfahrene Personen niemals allein auf eine Wiese mit mehreren Pferden gehen oder ein Pferd aus einer Gruppe herausholen.

Auch unter Pferden gibt es Freunde und Feinde. Das ist wie bei uns Menschen. Manche Pferde verstehen sich gut, kraulen sich gegenseitig das Fell und stehen gern nah beisammen. Andere zeigen ihre Abneigung zueinander sehr deutlich durch Quietschen, Drohen, Treten oder Beißen. Das müssen wir respektieren und zwischen Pferden, die sich nicht mögen, immer einen großen Abstand einhalten – zum Beispiel beim Anbinden am Putzplatz oder beim Aufsitzen in der Reitbahn.

Fluchttier – alle Sinne auf Empfang

Pferde sind friedliebende, freundliche und neugierige Tiere. Wenn ihnen aber etwas gefährlich erscheint, dann fliehen sie. Als Gefahr empfindet das Pferd laute Geräusche, schnelle Bewegungen oder unbekannte Dinge – zum

Beispiel Mülltonnen, Kühe auf der Weide oder Traktoren.
Das Pferd ist perfekt an das Leben als Fluchttier angepasst. Mit seinen **hochsensiblen Sinnesorganen** kann es Gefahren rechtzeitig erkennen. Und weil es so schnell ist, kann es dann durch Flucht entkommen. Dabei ist der **Fluchtinstinkt** bei allen Pferden unterschiedlich stark ausgeprägt, aber immer noch da – das müssen wir beim Umgang und beim Reiten immer im Hinterkopf behalten.
Sicher fühlt sich das Pferd immer dann, wenn ein ranghöheres Wesen bei ihm ist. Das kann ein anderes Pferd sein. Deshalb sollten wir zum Beispiel nie allein ausreiten gehen. Und mit einem erfahrenen Führpferd meistern gerade junge Pferde auch schnell neue Herausforderungen.
Es kann aber auch ein Mensch sein, dem das Pferd vertraut. Dann sieht es zwar zum Beispiel die flatternde Plane, lässt sich aber beruhigen, wenn der Mensch „Entwarnung" gibt. Wir dürfen dabei nicht bewerten, ob die Angst des Pferdes berechtigt ist oder nicht. Denn das Pferd nimmt die Welt ganz anders wahr als wir. Hat das Pferd gelernt, uns zu vertrauen, wird es uns auch in schwierigen Situationen folgen und sich überzeugen lassen.

➤ Wer sein Pferd bestraft, weil es vor etwas Lautem, Schnellem oder Unbekanntem scheut, der zeigt nur, dass er das Pferd nicht verstanden hat.

Steppentier – Gras, Gras und nochmal Gras

In der Natur wandert das Pferd bis zu 16 Stunden am Tag grasend über die Steppe. Die Verdauung ist auch heute noch auf diese ständige Nahrungsaufnahme eingestellt. Deshalb zählen Pferde auch zu den **„Dauerfressern"**. Bekommt das Pferd lange nichts zu fressen, kann das zu gesundheitlichen Problemen führen. Darum dürfen Fresspausen nicht länger als 4 Stunden sein.
Auf der Suche nach frischem Gras legt das Pferd bis zu 40 km täglich zurück, dabei geht es hauptsächlich Schritt; Trab und Galopp sind für längere Strecken beziehungsweise zur Flucht gedacht. Der Körper des Pferdes ist perfekt an diese Langstreckenbelastung angepasst. Das **Bewegungsbedürfnis** des Pferdes hat sich bis heute nicht geändert, kommt aber leider oft zu kurz. Zum Wohle der Pferde und auch um Unfälle zu vermeiden, sollten wir unseren Pferden zusätzlich zum Reiten ganz viel freie Bewegung, zum Beispiel auf der Weide oder dem Paddock, ermöglichen. Das entspricht einfach ihrer Natur.
Auch äußerlich hat sich das Pferd perfekt an das Leben in der Steppe angepasst. Große Temperaturschwankungen machen ihm nichts aus. Im Winter gleicht es mit einem dichten Winterfell die Kälte aus. Dabei fühlt das Pferd sich im Bereich von +25 bis −15 Grad Celsius am wohlsten. Wir brauchen uns also nicht sorgen, dass das Pferd

Mit Vertrauen und Ruhe überwindet das Pferd seine natürliche Scheu.

Bei starkem Regen oder auch bei Wind drehen Pferde oft ihr Hinterteil gegen die Windrichtung und schützen so ihren Kopf mit den empfindlichen Sinnesorganen.

im Winter friert. Im Gegenteil: Einflüsse durch Wetter wie Regen, Schnee, Kälte und Sonne sind für die Gesundheit gut. Wer schon einmal Pferde auf der Weide beobachtet hat, merkt schnell, dass sie bei Wind und Wetter draußen stehen. Den Unterstand suchen sie nur im Hochsommer auf, um sich vor der prallen Mittagssonne und den Insekten zu schützen.

Pferde leben heute oft mit viel Kraftfutter, wenig Bewegung und wenig Kontakt zu anderen Pferden leider nicht sehr artgerecht. Werden die **natürlichen Bedürfnisse** des Pferdes aber über längere Zeit nicht beachtet, können sich Verhaltensauffälligkeiten wie Bocken, Steigen, Beißen und Schlagen entwickeln, schlimmstenfalls sogar Verhaltensstörungen. Um einen sicheren und harmonischen Umgang mit dem Pferd zu ermöglichen, ist eine **artgerechte Haltung** notwendig. Viele Reiter haben Angst, dass sich ihre Pferde auf der Weide verletzen. Diese Angst ist unbegründet, wenn das Pferd schrittweise an den Weidegang gewöhnt wird.

Auf den Punkt gebracht

- Das **Verhalten** unserer Pferde ist dem der Wildpferde immer noch sehr ähnlich.
- Pferde fühlen sich als **Herdentier** mit anderen Pferden wohl und sicher.
- Pferde sind **Fluchttiere**, sie sind schreckhaft und fliehen bei Gefahr.
- Jedes Pferd braucht als **Steppentier** Licht, frische Luft und viel Bewegung – und das jeden Tag.

Freie Bewegung an der frischen Luft hält Pferde fit und gesund.

2.3 Sinnesorgane und Wahrnehmung: Wie sieht das Pferd die Welt?

Pferde haben sehr feine Sinne und nehmen auch kleinste Signale wahr. Das nutzen wir in der Ausbildung und beim Reiten. Pferde lernen die Signale des Menschen sehr schnell und reagieren sensibel auf kaum merkliche Hilfen – so ist die quasi **unsichtbare Kommunikation** zwischen Reiter und Pferd möglich, egal ob im Sattel oder vom Boden aus.

Sehen

Pferde sehen ganz anders als wir. Zunächst einmal liegen die Augen seitlich rechts und links am Kopf und schaffen ein sogenanntes monokulares Sehfeld – das heißt, das Pferd sieht die meisten Dinge zunächst nur mit einem Auge. Dinge, die vor dem Pferdekopf liegen, werden binokular – also mit beiden Augen – gesehen. Hinter dem Pferd befindet sich ein **toter Winkel**, den das Pferd nicht einsehen kann. Deshalb ist es wichtig, dass du deinem Pferd stets von der Seite beziehungsweise von vorn begegnest. Pferde können auch **Farben sehen**, aber nicht so viele

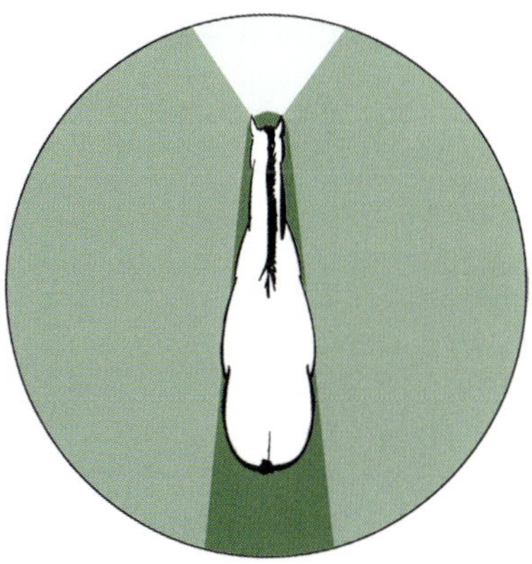

□ Dreidimensionales scharfes Sehen (Binokularfeld)
■ Zweidimensionales unscharfes Sehen (Monokularfeld)
■ Toter Winkel (Blindzone)

Durch ihr sehr großes Sichtfeld sehen Pferde auch Dinge und Bewegungen, die wir gar nicht wahrnehmen.

Neugierig betrachtet das Pferd das neue Hindernis.

unterschiedliche wie wir. Es wird davon ausgegangen, dass Pferde gelb und blau gut sehen können, alle anderen Farben werden über ihre Anteile an gelb und blau erkannt.
Beim **Kontrast-Sehen** (hell-dunkel) sind die Pferde uns allerdings überlegen. Darum erschrecken sich manche Pferde vor Lichtflecken am Boden. Und darum werden beim Springen und bei der Bodenarbeit gern kontrastreiche Stangen verwendet. Das Pferd sieht diese einfach besser. Auch in der Dämmerung und Dunkelheit sehen Pferde viel besser als wir, allerdings brauchen sie für die Umstellung von hell auf dunkel mit 2 bis 3 Minuten recht lange. Das sollten wir im Umgang berücksichtigen, zum Beispiel wenn wir das Pferd verladen.
Anders als vielfach behauptet, können Pferde sehr wohl **dreidimensional** sehen, allerdings nur Dinge, die sich nah vor ihrem Kopf befinden, in einem Bereich, in dem sich beide Sichtfelder überlappen. Wenn dein Pferd also über ein neues Hindernis springen soll, kannst du es ihm vorher am besten aus der Nähe zeigen.

Hören

Die Ohren des Pferdes sind wie ein Hörtrichter – sie sind in alle Richtungen beweglich und nehmen auch ganz leise Geräusche wahr. Für das Leben in der Steppe ist das überlebenswichtig, denn mit seinen großen Ohren hört das Pferd Fressfeinde rechtzeitig. Bei besonders schreckhaften Pferden sagen wir manchmal: „Der hört die Mäuse husten." Und tatsächlich können sie Mäuse, die sich im Gras oder im Stroh bewegen, hören. Pferde hören also viel besser als wir. Darum gibt es eigentlich immer einen Grund, wenn das Pferd sich erschreckt – wir haben es nur vielleicht gar nicht gehört!

Schmecken

Hier zeigen sich große Unterschiede zwischen Wild- und Hauspferden. Während das Wildpferd jedes un-

Alle Sinne auf Empfang

Durch das Flehmen nimmt das Pferd Gerüche intensiver auf.

bekannte Futter ablehnt, ist dieser **Schutzmechanismus** bei unseren Hauspferden fast verschwunden.
Schon Fohlen schauen sich bei ihrer Mutter ab, dass Müsli, Möhren und andere Leckereien in Ordnung sind. Sie entwickeln daraus eine Art Vertrauen, dass das vom Menschen angebotene Futter unbedenklich ist. Deshalb müssen wir dafür sorgen, dass das Pferd nicht an giftige Pflanzen oder andere Materialien herankommt, die es auf keinen Fall fressen sollte. Das Wildpferd sortiert **Giftpflanzen** sorgfältig aus, unsere Pferde sind da oft weniger wählerisch.

Riechen

Pferde können auch sehr gut riechen. Das müssen sie auch, denn am Geruch erkennen sie zum Beispiel andere Herdenmitglieder. Besonders auffällig ist das **Flehmen**: Dabei zieht das Pferd die Oberlippe hoch und kann dadurch noch besser riechen. So erkennt der Hengst am Geruch, ob die Stute paarungsbereit ist. Wir sagen manchmal, dass Pferde Angst riechen können. Wenn dein Pferd also nicht in einen fremden Anhänger einsteigen möchte, kann es durchaus sein, dass es die Unsicherheit eines anderen Pferdes im Anhänger noch wahrnimmt.

Fühlen

Pferde haben einen sehr guten **Tastsinn**, sogar eine kleine Fliege fühlt dein Pferd und verscheucht sie durch Muskelzittern, Schweifschlagen oder Kopfschütteln. Die Tasthaare am Maul und an den Augen wirken wie eine **Abstandswarnung** und schützen diese empfindliche Körperregion – daher ist das Abrasieren dieser Haare verboten und tierschutzwidrig. Durch seinen feinen Tastsinn kann das Pferd beim Reiten auch unterscheiden, ob du angaloppieren oder abwenden möchtest. Es hat gelernt, auf die unterschiedlichen Schenkelhilfen zu reagieren und kann den Unterschied fühlen.

Der lange Hals dient als Balancierstange.

Gleichgewichtssinn

Für das Pferd als Fluchttier ist ein guter Gleichgewichtssinn überlebenswichtig. Stolpern, Straucheln oder gar Stürzen kann in der Steppe tödliche Folgen haben. Deshalb will dein Pferd immer **im Gleichgewicht** bleiben. Der Hals dient dem Pferd dabei als **Balancierstange** und macht stets die Gegenbewegung zum restlichen Pferdekörper. Diese Funktion darf nicht durch starke Handeinwirkung, zu kurze Zügel oder falsch verschnallte Ausrüstung (zu kurze Hilfszügel) beeinträchtigt werden.

Auf den Punkt gebracht

- Pferde nehmen ihre Umwelt ganz anders wahr als wir.
- Gib deinem Pferd Zeit, unbekannte Dinge aus der Nähe zu betrachten.
- Lärm und laute Geräusche sind Stress für dein Pferd.
- Pferde können Fliegen auf ihrem Fell fühlen, sie verstehen ganz feine Hilfen auch beim Reiten.
- Seinen Hals braucht das Pferd zum Ausbalancieren.

2.4 Sprache ohne Worte: Wie verständigen sich Pferde?

Pferde haben keine Sprache mit Wörtern wie wir. Ihr lautes Wiehern ist meistens ein Zeichen von großer Aufregung. Normalerweise sind sie leise, um sich vor Angriffen durch Raubtiere zu schützen. Sie kommunizieren mit ihrem Körper, vor allem über Gestik, Mimik und **Körperhaltung.** Wenn du dich mit dem Pferd verständigen willst, musst du „pferdisch" lernen – also die Sprache der Pferde. Dann wird es dir vertrauen und dir bereitwillig folgen – ob beim Führen oder beim Reiten. Und nur dann kannst du dir den Respekt verschaffen, der für eure **Sicherheit** wichtig ist. Dabei ist zunächst einmal wichtig, dass dein Pferd einen gewissen **Sicherheitsabstand** zu dir einhält. Auch das ranghöhere Tier in der Herde lässt die anderen Pferde nicht zu nah kommen und hält sie auf Distanz. Wenn dich dein Pferd als rangnieder ansieht, kann das sehr schnell gefährlich werden. Deshalb sind gerade zu Beginn ältere, ruhige und gut ausgebildete Pferde so wichtig. Sie haben gelernt, dass sie dem Menschen vertrauen können, ihn aber nicht als Spielpartner benutzen dürfen. Mit Übung und Erfahrung wirst du bald lernen, wie du dich dem Pferd gegenüber richtig verhältst. Ruhig, selbstbewusst und bestimmt musst du immer auftreten, wenn du dich einem Pferd näherst. Klare und eindeutige Signale helfen dir dabei. Das Pferd lässt sich natürlich auch lieber vom „freundlichen Chef" als vom „wütenden Schreihals" aus der Box holen.

So trittst du immer gelassen und positiv an dein Pferd heran. Das ist wichtig, denn das Pferd erkennt auf einen Blick, wie es dir geht. Es kann an deiner Körperhaltung und deinen Be-

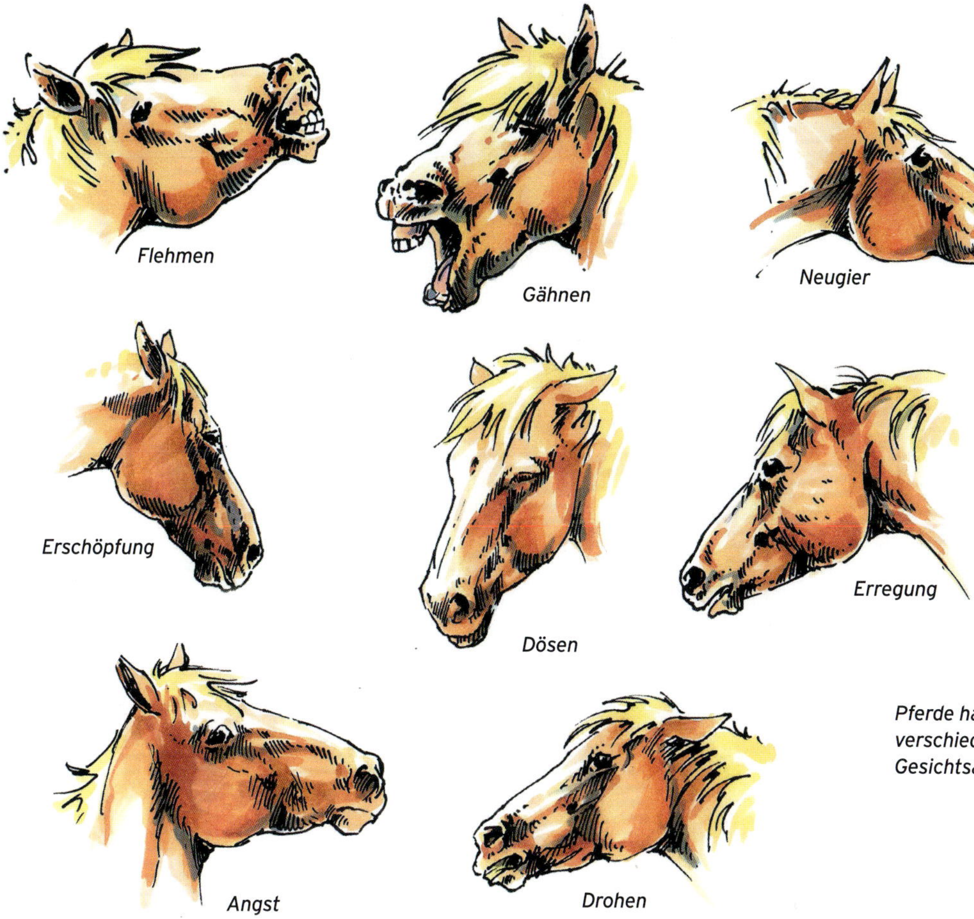

Pferde haben viele verschiedene Gesichtsausdrücke.

wegungen ablesen, ob du aufgeregt, ängstlich oder ruhig und gelassen bist – und reagiert darauf. Und auch du kannst lernen, was die Körperhaltung und der Gesichtsausdruck deines Pferdes bedeuten. Schaue dir besonders das Ohrenspiel, die Augen und die Nüstern sowie die Haltung von Kopf und Hals an. Dann kannst du gleich einschätzen, wie es deinem Pferd geht.

Die **Bodenarbeit** hilft dir, dich gut mit deinem Pferd zu verständigen. Deshalb ist sie auch in vielen Reitabzeichen als eine Stationsprüfung dabei. Hier zeigst du, dass du dein Pferd sicher und korrekt führen kannst und dein Pferd dir in allen Situationen vertrauensvoll und gehorsam folgt. Und das geht nur, wenn du die Sprache der Pferde verstehst und „sprechen" kannst.

Mit aufrechter Körperhaltung führst du dein Pferd.

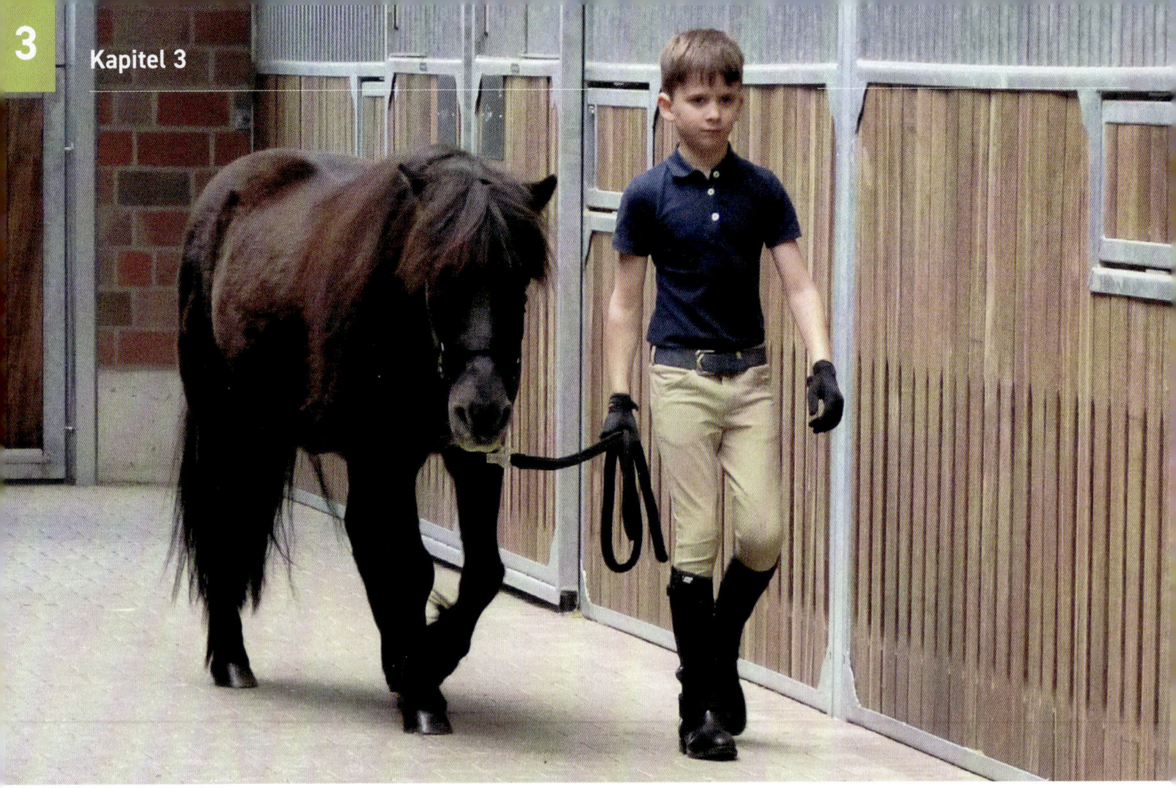

Führen mit Halfter und Strick

3 Bodenarbeit: Zeige, dass du ein Pferdemensch bist

Jeden Tag führen wir unsere Pferde, von der Box zum Putzplatz, vom Putzplatz zur Reithalle, vom Stall zur Weide und so weiter. Für erfahrene Pferdeleute ist dies auch gar kein Problem. Am durchhängenden Strick folgt das Pferd wie selbstverständlich dem Menschen. Es braucht keine Worte, sondern reagiert auf feine, fast unsichtbare Hilfen und die Körpersprache des Menschen. Und zeigt damit zum einen, dass es gut erzogen ist; zum anderen, dass es den Menschen als ranghöher ansieht und sich von ihm leiten lässt. Das ist ganz wichtig für die **Sicherheit im Alltag** mit den Pferden. Aus diesem Grund ist die Bodenarbeit seit 2014 als praktische Prüfung Bestandteil der Reitabzeichen 10 bis 5.

Doch wie kann es sein, dass sich ein großes und starkes Pferd so gehorsam von einem viel kleineren und auch schwächeren Menschen führen lässt? Ganz einfach: Es liegt in seiner Natur. Pferde sind **friedliche Herdentiere**, denen Harmonie in ihrer Gruppe sehr wichtig ist. Gern ordnen sie sich unter und folgen einem Leittier, das Sicherheit und Ruhe ausstrahlt. Das Leittier bestimmt, wohin das Pferd gehen darf, wann es zurückweichen, wenden oder folgen muss. Wenn du es schaffst, die Rolle des **Leittiers** einzunehmen, bestimmst auch du über Weg, Tempo und Richtung.

➤ **Safety first:** Jungpferde, Hengste oder auch nicht gut erzogene Pferde sollten nicht von Reitanfängern geführt werden. Das sichere Führen lernst du am besten mit einem ruhigen und erfahrenen Pferd, das auch mal eine etwas undeutliche Hilfe versteht und annimmt.

Als erstes: die Ausrüstung von Pferd und Mensch für die Bodenarbeit

In den meisten Fällen führst du dein Pferd mit einem Stallhalfter und einem Führstrick. Das ist zum Üben auch erst einmal genau richtig. Der **Führstrick** hat einen **Karabinerhaken.** Dieser bleibt immer sicher an Ort und Stelle, auch wenn du den Strick mal zu nah am Haken anfasst. Das ist wichtig! Führe dein Pferd nicht mit einem **Anbindestrick.** Der hat einen **Panikhaken**, der sich leicht öffnet. Das wäre bei der Bodenarbeit nicht sinnvoll. (Siehe auch Foto auf Seite 33 unten.) Wenn du schon etwas Übung hast, kannst du dein Pferd auch mit einem **Knotenhalfter** und einem speziellen Bodenarbeitsseil führen. Das Knotenhalfter ist aus dünnem Seil und wirkt dadurch schärfer und direkter als ein Stallhalfter. Mit einem Knotenhalfter wird das Pferd gearbeitet, aber nicht angebunden oder auf die Weide gestellt. Das kann sonst für das Pferd unangenehm oder sogar schmerzhaft sein, weil die Knoten genau auf die empfindlichen Nerven des Kopfes drücken können. Das Seil dazu ist viel länger als ein Führstrick und hat oft am Ende einen Lederschlag. Damit kannst Du das Pferd berühren und treiben wie mit einer Gerte.

Eine Gerte kannst du zur Bodenarbeit immer mitnehmen. Sie wirkt wie ein verlängerter Arm. Trägst du die Gerte in der linken Hand, nimmst du den Arm etwas zurück und bewegst die Hand leicht auf und ab (so kannst du mit der Gerte „wedeln"). Wenn das noch nicht ausreicht, berührst du dein Pferd mit der Gerte am Bauch und treibst es damit voran. Übe den Einsatz der Gerte und beobachte, wie dein Pferd darauf reagiert. Da das Ziel der Bodenarbeit aber immer die feine, fast unsichtbare Verständigung mit dem Pferd ist, ist es am besten, wenn du die Gerte gar nicht brauchst.

Das Knotenhalfter wird vor allem im Führtraining eingesetzt.

Führen auf Trense

Später führst du dein Pferd auch mit Trense, das wird ab dem RA 6 auch in der Stationsprüfung Bodenarbeit verlangt.

Beim Führen auf Trense nimmst du die Zügel über den Pferdehals. Die Zügel werden gleich lang und etwa 30 cm unterhalb des Gebisses aufgenommen.

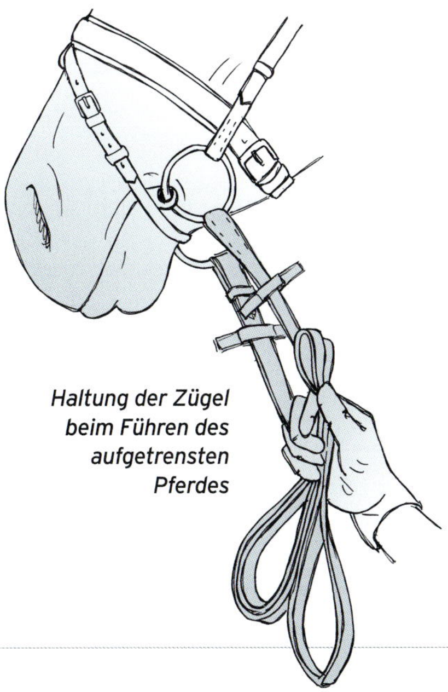

Haltung der Zügel beim Führen des aufgetrensten Pferdes

Das Ziel fest im Blick – so klappt das Führen.

Schiebe Zeigefinger und Mittelfinger der rechten Hand zwischen die beiden Zügel. Lege das Zügelende geordnet in die Hand und schließe die Faust. Die Verbindung zum Pferdemaul hältst du möglichst leicht, der Zügel hängt am besten immer etwas durch.

➤ **Safety first:** Auf jeden Fall brauchst du Handschuhe und feste Schuhe. Sie schützen dich, wenn das Pferd am Strick beziehungsweise Zügel zieht oder zur Seite springt.

➤ So führst du richtig: Führposition und Signale

Bevor du mit dem Führen loslegst, mach dir noch einmal klar, wie Pferde sich untereinander verständigen. Sie benutzen keine Sprache mit Worten, so wie wir. Man sagt, sie kommunizieren **non-verbal**. Dazu achten sie sehr genau auf Gestik, Mimik, Körperhaltung und Körperspannung. Selbst die kleinste Veränderung entgeht ihren wachen Sinnen nicht. Sei darum immer konzentriert und achtsam, wenn du dein Pferd führst.

Stelle dich auf die linke Seite deines Pferdes, etwa auf Höhe des Halses. Nimm den Strick in die rechte Hand und fasse ihn etwa eine Armlänge unterhalb des Karabinerhakens an. Der Daumen zeigt nach oben, das Ende des Stricks nimmst du ordentlich in Schlaufen auf. Gerade zu Beginn kannst du das Strickende auch in die linke Hand nehmen. Jetzt stehst du in der **korrekten Führposition** für die Bodenarbeit.

Wie bereits erwähnt, achtet dein Pferd beim Führen sehr auf deine Körpersprache. Du sagst ihm quasi mit deinem Körper, was es machen soll. Du gibst ihm **Signale**. Wenn du dein Pferd geradeaus führen möchtest, blickst du nach vorn und stellst dich aufrecht hin. Halte die Hand getragen mit gebeugtem Ellbogen. Bereite dein Pferd mit einem Stimmsignal vor. Das kann ein Schnalzen sein oder auch ein deutliches „Komm!". Bringe deine Schultern etwas nach vorn und gehe mit energischen Schritten los. Zögert dein Pferd, nimm die Gerte zur Hilfe oder schnalze noch einmal. Wähle dein Tempo so, dass das Pferd dir im fleißigen Schritt folgt. Schaue auf dein Ziel, nicht auf dein Pferd. Bleibe beim Führen zunächst immer in deiner Ausgangsposition am Hals. Bei manchen Aufgaben wirst du später auch vor dem Pferd hergehen oder den Abstand zum Pferd vergrößern.

➤ **Safety first:** Nimm das Ende des Stricks immer ordentlich auf. Wickle es niemals um deine Hand oder lasse es auf den Boden hängen!

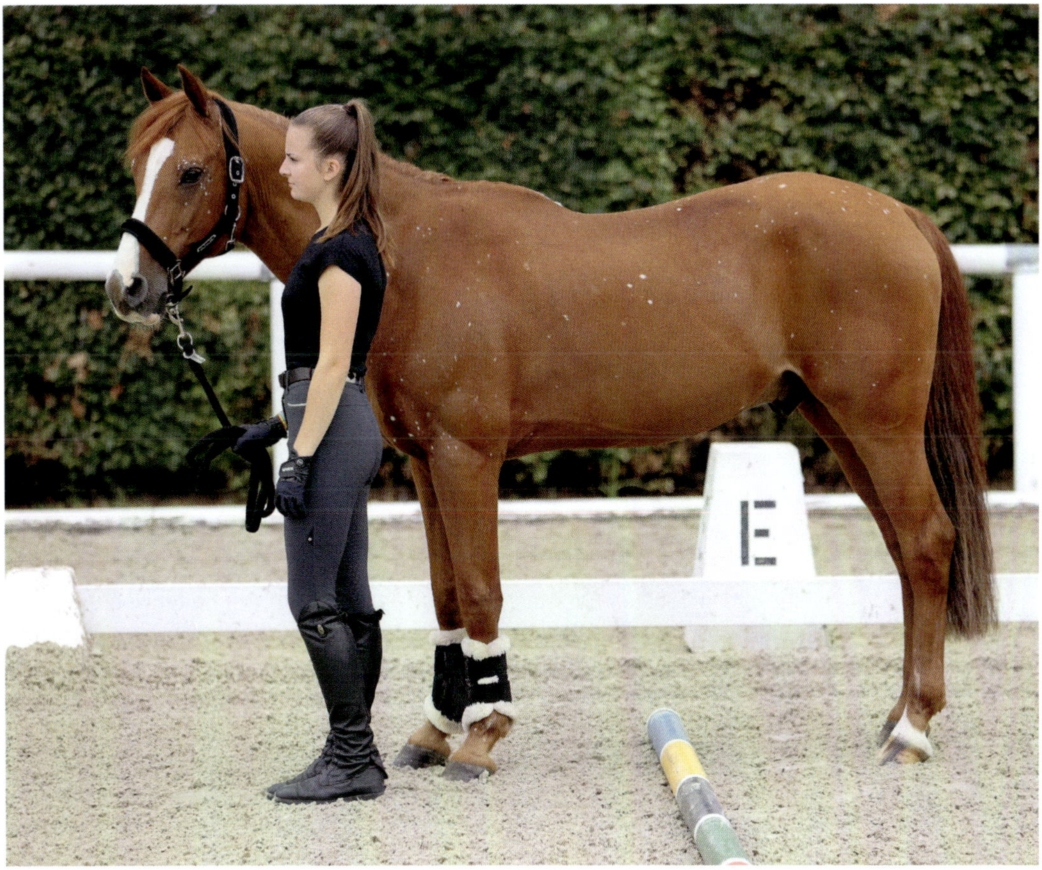

Halten über einer Stange

Halten am Punkt

Eine Übung aus dem kleinen 1x1 des gut erzogenen Pferdes ist das Halten an einem **vorgegebenen Punkt.** Das kann bei der Bodenarbeit ein Kegel oder ein Blumentopf oder eine Gasse aus Stangen sein. Nähere dich diesem Punkt im fleißigen Schritt. Richte deinen Körper gut auf, bringe die Schultern zurück und hebe die Hand etwas an. Dann bleibst du bestimmt und aufrecht stehen. Dein Pferd wird dir folgen und auch stehen bleiben. Wenn nicht, setze deine Stimme ein. Zum Beispiel durch ein ruhiges „Haaaaalt!". Wenn du am Strick ziehen musst, ist das ein Zeichen dafür, dass dein Pferd dir noch nicht gut zuhört.

Führen von Wendungen

Manchmal musst du dein Pferd beim Führen wenden, zum Beispiel bevor du es auf die Weide entlässt. Dabei lässt du das Pferd immer von dir **wegwenden.** Beispiel: Du führst auf der linken

Die äußere Hand unterstützt das Wenden.

Sicheres Vorbeiführen auf der Stallgasse

Seite und möchtest um einen Kegel herum wenden. In der Wendung geht das Pferd nach rechts, du bleibst außen. Das ist ganz wichtig! Denn wenn das Pferd sich mal erschreckt und zur Seite springt, hast du Platz zum Ausweichen. Da du in der Wendung den größeren Bogen gehst, musst du deine Schritte verlängern, sonst kommt dein Pferd ins Stocken. Du kannst die linke Hand etwas nach oben nehmen, um das Wenden zu unterstützen. Deine Hand wirkt dann für das Pferd begrenzend.

Führen von beiden Seiten

Wie bereits erwähnt, ist die Ausgangsposition zum Führen neben der linken Pferdeschulter. Das kennen die meisten Pferde so. Trotzdem gibt es immer Situationen, in denen du dein Pferd auch von der rechten Seite – also mit dem Strick in der linken Hand – führen musst. Deshalb ist es wichtig, das Führen von beiden Seiten zu üben. Dabei wendest du das Pferd dann entsprechend nach links, immer von dir weg. Wenn du von der linken auf die rechte Seite deines Pferdes wechselst, hältst du zunächst an und gehst vor deinem Pferd herum. Der Seitenwechsel in der Bewegung ist eine Übung für Fortgeschrittene.

Vorbeiführen an anderen Pferden

Ob auf der Stallgasse oder in der Reitbahn, es kann vorkommen, dass du mit deinem Pferd an einem anderen Pferd vorbeigehen musst. Wichtig ist dabei, genügend **Abstand** zwischen den Pferden zu halten. Ist das andere Pferd auf der Stallgasse angebunden, wird es zur Seite gedreht; wenn möglich so, dass du von vorn kommend vorbeigehst. Bei einem beidseitig angebundenen Pferd wird erst ein Strick gelöst, damit das Pferd zur Seite weichen kann. Werden zwei Pferde aneinander vorbeigeführt, halten beide Führpersonen den Strick kurz genug. So verhindert ihr, dass eure Pferde sich beschnuppern. Ihr geht zügig und mit möglichst großem Abstand weiter. Dabei geht ihr in der Mitte und die Pferde außen.

Zur Seite weichen Lassen

Das gut erzogene Pferd lässt sich nicht nur willig führen, sondern auch zur Seite verschieben. Das kann am

Putzplatz notwendig sein, wenn ein anderes Pferd an dir vorbeigeführt wird, oder in der Reitbahn, wenn du von der Aufsitzhilfe aufsitzen möchtest. Stelle dich auf Schulterhöhe neben dein Pferd, sodass du zum Pferd schaust. Lege die Hand, die dem Pferdekopf näher ist, an das Backenstück des Halfters. Mit der anderen Hand berührst du dein Pferd am Bauch – etwa da, wo auch dein Schenkel liegt. Auf diese **Berührung** hin soll dein Pferd zur Seite weichen. Das sollte nur ein ganz leichter Druck sein, eher ein Antippen. Reagiert dein Pferd nicht wie gewünscht, nimm ein Stimmsignal dazu, ein Schnalzen oder ein aufforderndes „Komm!".

Das angebundene Pferd zur Seite weichen lassen

Tempounterschiede

Eine weitere Übung aus der Grundschule des Pferdes ist das Führen von Tempounterschieden im Schritt. Schon im RA 7 zeigst du, dass du den Schritt deines Pferdes verändern kannst. Man sagt dazu auch **Zulegen** und **Aufnehmen.** Um den Schritt zu verlängern – also zuzulegen, bringst du deinen Oberkörper leicht nach vorn und machst selbst größere Schritte. Dein Pferd wird sich anpassen und ebenfalls größere Schritte machen. Falls nicht, hilfst du mit einem Schnalzen oder deiner Gerte vorsichtig nach. Zum Aufnehmen – also Verkürzen der Schritte – richtest du dich wieder auf, bringst deinen Oberkörper zurück und gehst langsamer. Auch hier kannst du mit der Stimme unterstützen, wenn dein Pferd nicht sofort reagiert.

Slalom

Beim Führen durch einen Slalom zeigst du, dass sich dein Pferd auch bei schwierigeren Aufgaben auf dich konzentriert und dir willig folgt – egal, in welche Richtung du gehst. Der Abstand zwischen den Kegeln darf am Anfang ruhig größer sein, etwa 7 m eignen sich für große, flache Bögen gut. Wendest du dein Pferd von dir weg, machst du etwas größere Schritte. Hat dein Pferd die Außenbahn, passt du deine Schrittlänge an und hältst dein Pferd fleißig. Später rücken die Kegel oder Tonnen dann auch nä-

Im Slalom unterwegs

Energischer Arbeitstrab von Mensch und Pferd

her zusammen. Dann musst du deine Signale gut koordinieren und schnell reagieren. Übe das Führen durch den Slalom ruhig von beiden Seiten, dann wirst du geschickter und sicherer in deiner Einwirkung.

Hufschlagfiguren

Klappt das Führen im Slalom, sind Hufschlagfiguren eine sinnvolle Ergänzung der Bodenarbeit. Durch das Führen von Zirkeln, Volten und Kehrtvolten zeigst du, dass dein Pferd dir jederzeit sicher folgt. Außerdem kannst du so schon einmal Aufgaben mit Stangen, wie etwa das Labyrinth oder das Stangenkreuz, vorbereiten. Führst du dein Pferd zum Beispiel auf einer Volte, kann ein **Kegel** die Linie erleichtern. Achte darauf, dass du dein Pferd von dir weg wendest und mit energischen Schritten vorausgehst. Führst du dein Pferd in einer Reithalle, halte genügend Abstand zur Bande. Wenn du auf dem zweiten oder dritten Hufschlag führst, hast du immer noch genügend Platz, um auszuweichen.

Übergänge

Genauso wie sich dein Pferd sicher anhalten lässt, sollte es sich auch antraben lassen. Wenn der Tierarzt dein Pferd untersucht, muss du es vielleicht einmal vortraben. Bei der Vorstellung auf der Dreiecksbahn wird das ebenfalls verlangt. Zum Antraben benutzt du die gleichen Signale wie zum Anführen aus dem Halten. Du bereitest dein Pferd mit einem Schnalzen vor, bringst deinen Oberkörper etwas nach vorn und trabst selbst an. Folgt dein Pferd dir nicht in den Trab, unterstützt du deine Einwirkung vorsichtig mit der Gerte. Dein Pferd soll einen **fleißigen Arbeitstrab** zeigen. Das geht nur, wenn du auch entsprechend energisch läufst!

Rückwärtstreten Lassen

In einer Herde weicht nur das rangniedrige Pferd zurück. Wenn du es schaffst, dein Pferd auf feine Signale hin zurück treten zu lassen, dann hast du schon vieles richtig gemacht. Es zeigt, dass es dich als Herdenchef akzeptiert und dir vertraut. Lasse dein Pferd zunächst anhalten und drehe

Das korrekte Aufstellen erfordert einige Übung.

dich so, dass du dem Pferd gegenüber stehst und nach hinten schaust. Bereite dein Pferd mit einem Stimmsignal vor, zum Beispiel „Zuuuurück!". Lege deine Hand an die Brust des Pferdes und drücke dort leicht. Dein Pferd wird die Signale verstehen und zurück treten. Wenn nicht, setzt du vorsichtig die Gerte ein. Gib deinem Pferd durch leichtes Berühren an den Vorderbeinen zu verstehen, dass es zurück treten soll. Und vergiss nicht, es dafür auch sofort zu loben. Später kannst du dein Pferd zurücktreten lassen, ohne dass du dich umdrehst. Dann hältst du dein Pferd an, gibst das Stimmsignal und gehst selbst zurück.

Dreiecksbahn

Wenn das Anhalten, Antraben und wieder durchparieren klappen, kannst du mit dem Vorstellen auf einer abgesteckten Dreiecksbahn beginnen. Das wird nicht nur im RA 6 verlangt, sondern zum Beispiel auch auf Stutenschauen oder beim PM-Schulpfer-

Merkblatt „Vormustern auf der Dreiecksbahn"

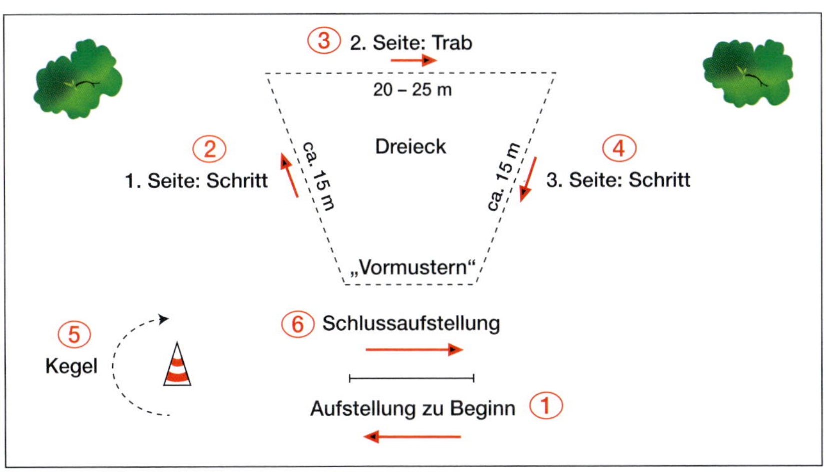

de-Cup. Auf der Dreiecksbahn stellst du dein Pferd erst einmal **„offen zum Betrachter"** auf. Das heißt so, dass der Prüfer alle vier Beine deines Pferdes sehen kann. Zum Aufstellen trittst du mit einer fließenden Bewegung vor das Pferd. Mache mit dem rechten Bein einen Schritt nach vorn, drehe dich dabei so, dass du vor deinem Pferd stehst und stelle die Beine etwas auseinander. Dann nimmst du den linken Zügel in die rechte Hand und den rechten in die linke. Halte deine Hände so, dass das Pferd am lockeren Zügel gelassen steht. Nach der Vorstellung nimmst du beide Zügel wieder in die rechte Hand, stellst dich zurück neben dein Pferd und gehst im fleißigen Schritt die erste Seite des Dreiecks entlang. Oben angekommen wendest du dein Pferd nach rechts auf die lange Seite. Dort trabst du mit deinem Pferd, die zweite kurze Seite zeigt ihr euch wieder im Schritt. Zum Schluss wendest du dein Pferd um die Markierung herum und stellst es noch einmal offen auf. Jetzt haben die Prüfer dein Pferd von allen Seiten, im Halten, Schritt und Trab gesehen und können beurteilen, wie gut ihr beiden schon miteinander kommuniziert.

Gemeinsam verladen

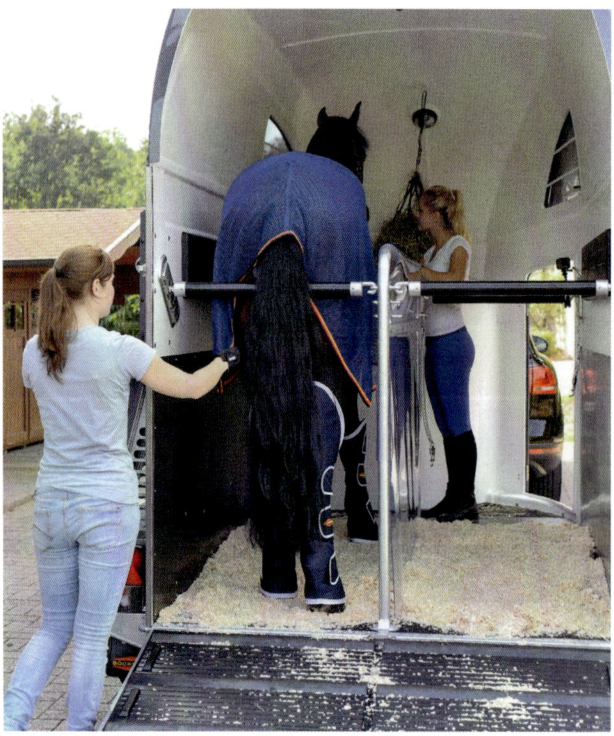

Verladen

Auch das Verladen auf einen Anhänger ist Teil der Bodenarbeit beim RA 6. Du zeigst, dass du grundsätzlich weißt, wie ein Pferd verladen wird und worauf zu achten ist. Dabei kennst und erklärst du insbesondere die **Sicherheitsaspekte**. Dazu gehören:

- die Ausrüstung von Reiter und Pferd
- die Vorbereitung des Anhängers
- der Ablauf des Verladens
- der Ablauf des Abladens
- die Nachbereitung des Anhängers

Du musst noch nicht eigenständig verladen, aber zum Beispiel einem Erwachsenen dabei helfen können. Möglich ist auch, dass ihr als Gruppe das Verladen in einem Rollenspiel zeigt. Ein Mensch spielt das Pferd, einer die Führperson und einer kommentiert das Ganze von außen.

Führen im öffentlichen Raum

Wer die Reitabzeichen RA 7 und RA 6 absolviert, besitzt automatisch den **Pferdeführerschein Umgang**. Darum ist in die Bodenarbeit zum RA 6 auch das Führen im **öffentlichen Raum** integriert. Der öffentliche Raum liegt außerhalb der Reitanlage. Das kann zum Beispiel eine Straße oder der Weg zur Weide sein, den außer dir und deinem Pferd auch noch andere Menschen nutzen – vielleicht Autofahrer, Fußgänger oder Menschen mit Hunden. Und auch wenn du mit deinem Pferd spazieren gehst, nimmst du wahrscheinlich am Straßenverkehr teil.

Aufeinander Rücksicht nehmen

Wichtig ist, dass du möglichst viele Situationen im Vorfeld übst. So wirst du sicher und souverän in der Einwirkung und Kommunikation mit deinem Pferd und gibst ihm Vertrauen, auch bei **schwierigen Begegnungen** – etwa mit einem großen Traktor oder Kühen auf einer Weide.

In der Prüfung zum RA 6 zeigst du, dass du das Führen im öffentlichen Raum mit deinem Pferd beherrschst. Das kann zum Beispiel so gemacht werden: Bei der Bodenarbeit auf dem Reitplatz stellst du dein Pferd zuerst auf der Dreiecksbahn vor. Im Anschluss daran führst du dein Pferd draußen außerhalb des Hofes. Dabei meistert ihr drei bis vier typische Situationen, wie die Begegnung mit einem Radfahrer, einem Fußgänger mit Hund, einem Traktor oder anderen Pferden auf der Weide. Auch das Verladen kann hier mit eingebaut werden.

Das Buch *Pferdeführerschein Umgang mit dem Pferd* bietet zu diesem Thema noch viel mehr Informationen.

Viele weitere Informationen zum Führen im öffentlichen Raum findest du im Buch „Pferdeführerschein Umgang mit dem Pferd".

Artgerechte Pferdehaltung ist ein Muss.

3.1 Was heißt pferdegerecht? Fairplay geht vor!

Jetzt weißt du schon eine ganze Menge über Pferde - über ihre Herkunft, ihr Verhalten und ihre Bedürfnisse. Wenn du dieses Wissen in den Umgang mit dem Pferd, in das Führen, die Pflege und das Reiten einfließen lässt, dann zeigst du, dass du ein echter Pferdefreund bist. Du handelst dann so, dass es deinem Pferd gut geht und es sich wohlfühlt - eben pferdegerecht!

RA 9

3.2 Die Ethischen Grundsätze des Pferdefreundes

Früher lebte das Pferd in seiner Herde draußen in der Natur, zog grasend über die Weiten der Steppe und flüchtete vor Gefahren im gestreckten Galopp. Heute schaffen wir Menschen die Lebensbedingungen und gestalten den Alltag unserer Pferde in der Zucht, im Freizeit- und im Leistungssport. Aber das bringt auch eine große Verantwortung mit sich: jeder, der mit Pferden umgeht, ist für ihr Wohlergehen und ihre Gesundheit zuständig. Um diese Verantwortung für das Pferd besser verständlich und anschaulicher zu machen, gibt es seit 1995 die „Ethischen Grundsätze des Pferdefreundes". In diesen neun Leitgedanken wird deutlich, wie umfangreich und vielschichtig der verantwortungsvolle Umgang mit dem Pferd ist. Die ethischen Grundsätze richten sich dabei an ALLE Pferdefreunde - egal ob du reitest, voltigierst, fährst, Bodenarbeit machst oder dich auf andere Art mit dem Pferd beschäftigst.

1. **Wer auch immer sich mit dem Pferd beschäftigt, übernimmt Verantwortung für das ihm anvertraute Lebewesen.**

   Das heißt: Der Mensch ist für das Wohlergehen des Pferdes verantwortlich – egal ob Besitzer, Reiter, Ausbilder, Pfleger oder Stallbetreiber.

Auch alte Pferde brauchen sorgfältige Pflege.

- Um Verantwortung zu übernehmen, sind Kenntnisse über die Natur des Pferdes notwendig.
- Kinder werden stets von Erwachsenen mit entsprechenden Kenntnissen begleitet.

2. Die Haltung des Pferdes muss seinen natürlichen Bedürfnissen angepasst sein.

Das heißt: Die Natur des Pferdes als Steppentier, Herdentier und Fluchttier ist in der Haltung zu berücksichtigen.

- Zusätzlich zum Reiten ist viel freie Bewegung, am besten mit anderen Pferden, wichtig.
- Bei der Fütterung muss gutes Raufutter die Hauptzutat sein, Kraftfutter wird je nach Bedarf gegeben.

3. Der physischen wie psychischen Gesundheit des Pferdes ist unabhängig von seiner Nutzung oberste Bedeutung einzuräumen.

Das heißt: Die Bedürfnisse des Menschen bei der Nutzung des Pferdes stehen hinter den gesundheitlichen Bedürfnissen des Pferdes.

- Ein krankes Pferd darf keine Leistung erbringen müssen.
- Auch das mentale Wohlbefinden des Pferdes muss berücksichtigt werden.

4. Der Mensch hat jedes Pferd gleich zu achten, unabhängig von dessen Alter, Rasse und Geschlecht sowie Einsatz in Zucht, Freizeit oder Sport.

Das heißt: Jedes Pferd hat die gleichen Bedürfnisse und die gleichen Ansprüche an Haltung, Pflege, Fütterung und Betreuung.

- Das Lehrpferd muss genauso regelmäßig zum Schmied, geimpft und entwurmt werden wie das Turnierpferd.
- Das Dressurpferd möchte genauso regelmäßig auf die Weide wie die Zuchtstute.

Kinder und Ponys gehören zusammen.

5. **Das Wissen um die Geschichte des Pferdes, um seine Bedürfnisse sowie die Kenntnisse im Umgang mit dem Pferd sind kulturgeschichtliche Güter. Diese gilt es zu wahren und zu vermitteln und nachfolgenden Generationen zu überliefern.**

Das heißt: Menschen und Pferde haben eine gemeinsame Geschichte. Nicht immer war das Pferd nur Freizeitpartner, sondern viele Jahrhunderte überlebenswichtiges Transport- und Nutztier.

- Durch die lange gemeinsame Entwicklung der Beziehung zwischen Mensch und Pferd ist ein enormes Wissen entstanden.
- Aus früheren Zeiten und alten Kulturen kann man viel über Pferde lernen - und vieles ist auch heute noch relevant.

6. **Der Umgang mit dem Pferd hat eine persönlichkeitsprägende Bedeutung, gerade für junge Menschen. Diese Bedeutung ist stets zu beachten und zu fördern.**

Das heißt: Pferde tun Kindern gut. Sie helfen ihnen bei der körperlichen und geistigen Entwicklung.

- Pferde fördern Selbstbewusstsein, Toleranz und Empathie.
- Pferde fordern Selbstdisziplin, Zuverlässigkeit und Sorgfalt.

7. **Der Mensch, der gemeinsam mit dem Pferd Sport betreibt, hat sich und das ihm anvertraute Pferd einer Ausbildung zu unterziehen. Ziel jeder Ausbildung ist die größtmögliche Harmonie zwischen Mensch und Pferd.**

Das heißt: Nur durch eine fachlich fundierte Ausbildung ist dauerhaft pferdegerechtes Reiten möglich.

- Richtiges Reiten nach der klassischen Reitlehre gilt als praktizierter Tierschutz.
- Harmonie ist unabhängig vom sportlichen Niveau oberstes Ziel.

8. **Die Nutzung des Pferdes im Leistungs- sowie im allgemeinen Reit-, Fahr- und Voltigiersport**

muss sich an seiner Veranlagung, seinem Leistungsvermögen und seiner Leistungsbereitschaft orientieren. Die Beeinflussung des Leistungsvermögens durch medikamentöse sowie nicht pferdegerechte Einwirkung ist abzulehnen und muss geahndet werden.

Das heißt: Jedes Pferd hat Stärken und Schwächen, die respektiert werden sollten.

- Aus einem Haflinger wird vielleicht kein Olympiapferd, aber oft ein toller Freizeitpartner.
- Durch Medikamente oder nichtpferdegerechte Trainingsmethoden nachzuhelfen, ist unreiterlich und tierschutzrelevant.

9. Die Verantwortung des Menschen für das ihm anvertraute Pferd erstreckt sich auch auf das Lebensende des Pferdes. Dieser Verantwortung muss der Mensch stets im Sinne des Pferdes gerecht werden.

Das heißt: Das Pferd hat eine kürzere Lebenserwartung als wir Menschen. Daher muss in vielen Fällen der Mensch entscheiden, wann das Pferd erlöst wird.

- Wenn das Pferd kein artgerechtes Leben mehr führen kann, ist der Zeitpunkt für den Abschied gekommen.
- Sportliche, wirtschaftliche oder finanzielle Aspekte dürfen für die Entscheidung nicht ausschlaggebend sein.

Eigentlich sind die neun Punkte der ethischen Grundsätze für jeden Pferdefreund eine Selbstverständlichkeit. Bemühe dich darum immer, die ethischen Grundsätze nicht nur für die Abzeichenprüfung auswendig zu lernen, sondern diese auch im Alltag – ob zu Hause im Stall oder auf dem Turnier – zu leben und dadurch auch anderen Reitern ein Vorbild zu sein.

Das 1x9 der Pferdefreunde ...

1. Pferde brauchen Menschen

Pferde sind auf uns Menschen angewiesen. Wir Pferdefreunde tragen die Verantwortung dafür, dass es jedem einzelnen Pferd gut geht – auch du.

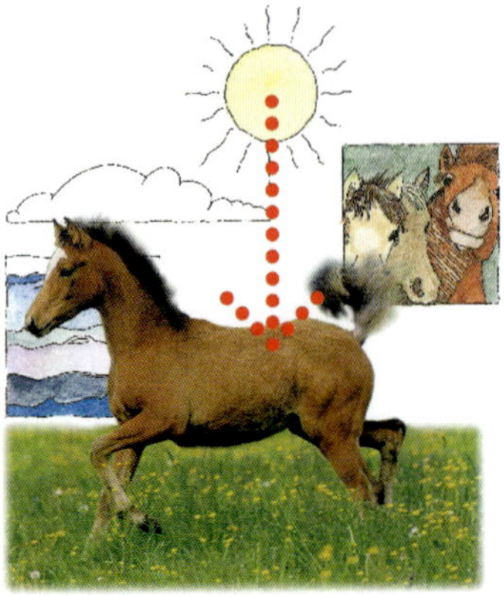

2. Pferde müssen richtig versorgt werden

Pferde brauchen Wasser und Futter, Licht und Luft, viel Bewegung und Kontakt zu anderen Pferden. Wir Pferdefreunde sorgen dafür, dass es jedem Pferd gut geht – auch du.

3. Die Gesundheit geht vor

Gesundheit und Zufriedenheit des Pferdes sind wichtiger als Erfolge um jeden Preis. Uns Pferdefreunden geht das Wohl jedes einzelnen Pferdes vor – auch dir.

4. Alle Pferde sind wertvoll

Alle Pferde verdienen Pflege und Zuneigung, egal ob jung oder alt, Weidepony oder Turnierpferd, Zuchthengst oder ausgedientes Schulpferd. Wir Pferdefreunde wissen, dass alle Pferde gleich gut behandelt werden müssen – auch du.

5. Pferde und Menschen haben eine lange gemeinsame Geschichte

Zwischen Pferden und Menschen besteht seit Tausenden von Jahren eine enge Verbindung. Wir Pferdefreunde sind bereit, vom enormen Wissen früherer Zeiten und fremder Kulturen über Pferde zu lernen – auch du.

6. Pferde sind gute Lehrer

Pferde spüren Ungeduld und Unbeherrschtheit. Sie belohnen Freundlichkeit und Geduld. Wir Pferdefreunde lernen gern von unseren Pferden – auch du.

Für Harmonie von Mensch und Pferd

8. Leistungen dürfen nicht erzwungen werden

Pferde verfügen über unterschiedliches Talent und Leistungsvermögen. Wir Pferdefreunde respektieren die natürlichen Grenzen eines Pferdes und beeinflussen seine Leistungsfähigkeit nicht durch Gewalt, Zwang und Medikamente – auch du nicht.

7. Pferde und Menschen müssen miteinander lernen

Pferde und Menschen brauchen für den gemeinsamen Sport eine gute Ausbildung, die nie aufhört. Das wichtigste Ziel für uns Pferdefreunde ist die harmonische Verständigung mit dem Pferd – auch für dich.

9. Pferde haben ein Recht auf ein würdiges Lebensende

Pferde haben ein kürzeres Leben als Menschen. Auch am Lebensende lassen wir Pferdefreunde unser Pferd nicht im Stich und ersparen ihm unnötige Angst, Schmerzen und Qualen.

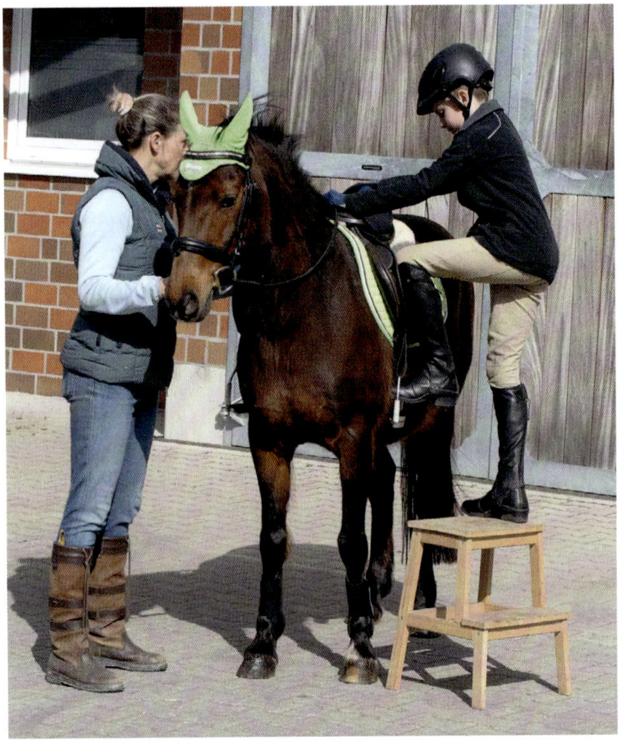

Grundregeln des Verhaltens im Pferdesport (Verhaltenskodex)

3.3 Grundregeln des Verhaltens im Pferdesport

Da im Reitstall, auf Turnieren oder anderen Reitsportveranstaltungen ganz unterschiedliche Menschen aufeinandertreffen, gibt es für das Miteinander im Pferdesport den sogenannten „Verhaltenskodex". Darin werden in 12 Punkten Grundregeln für den Umgang mit Freunden, Mitreitern und anderen Menschen in verschiedenen Konstellationen erklärt. Neben dem allgemeinen, respektvollen Umgang mit den Kollegen am Stall geht es dabei auch um das Verhalten von Ausbildern, Richtern und Prüfern oder auch Eltern. Werte wie Achtung, Respekt, Zuverlässigkeit, Toleranz und Fairness, aber ebenso Ordnung, Disziplin und Selbstbeherrschung machen das Leben für alle Beteiligten angenehmer - im Allgemeinen und ganz besonders im Pferdesport.

RA 7 3.4 Sicherheit und Unfallverhütung

Als Fluchttiere sind Pferde ziemlich sensibel und viel aufmerksamer als wir Menschen. Deshalb kommt es immer mal wieder vor, dass ein Pferd sich erschreckt und wegläuft oder zur Seite springt. Um das Miteinander im Stall sicher zu gestalten, gibt es eine ganze Menge Regeln und Vorschriften, an die du dich halten musst. Das erhöht die **Sicherheit** von Pferd und Mensch und hilft, **Unfälle** zu vermeiden. Hier sind noch einmal die wichtigsten:

Im Stall

- Spitze Kanten, Ecken, herausstehende Nägel, splitternde Bretter oder Balken sind zu entfernen.
- Die Stallgasse bietet mit einer Breite von circa 3 m genug Platz, um zwei Pferde sicher aneinander vorbeizuführen.
- Ein rutschfester, leicht zu reinigender Bodenbelag auf der Stallgasse ist gerade bei beschlagenen Pferden wichtig.
- Stallgeräte und Materialien wie Besen, Schaufeln und Mistkarren werden sicher abgestellt und stets an ihren Platz zurückgeräumt.
- Elektrokabel sind unbedingt sicher und fachmännisch zu verlegen.
- Sichere, ausreichend weit zu öffnende Boxentüren (mind. 1,20 m breit) sorgen dafür, dass Pferd und Mensch sicher in die oder aus der Box gehen können.
- Türverschlüsse lassen sich von innen und außen leicht öffnen, aber nicht vom Pferd.
- Gitterstäbe an der Box haben entweder weniger als 5 cm oder mehr als 30 cm Abstand.

Beim Führen und Anbinden

- Ausrüstung Reiter: festes Schuhwerk und Handschuhe
- Ausrüstung Pferd: gut sitzendes Stallhalfter mit Führstrick, ein Knotenhalfter oder eine Trense
- Bei der Annäherung gehst du von schräg-vorn auf das Pferd zu und sprichst es ruhig und deutlich an. Achte besonders auf den Gesichtsausdruck deines Pferdes.
- Beim Aufhalftern achte darauf, dass der Verschluss des Halfters nach außen zeigt – das Pferd könnte sich sonst am Verschluss des Karabiners verletzen.
- Niemals darf der Strick um die Hand gewickelt werden!
- Wird das Pferd zum Putzen angebunden, wähle einen sicheren Putzplatz. Niemals darf das Pferd an beweglichen Gegenständen wie Türen angebunden werden.
- Für das Anbinden werden Stricke mit Panikhaken verwendet.
- Ein Sicherheitsknoten (siehe Abbildung auf Seite 78) lässt sich im Notfall mit einer Hand lösen und befreit das Pferd.
- Pferde werden stets in Brusthöhe mit einer Länge von 60 bis 80 cm angebunden.

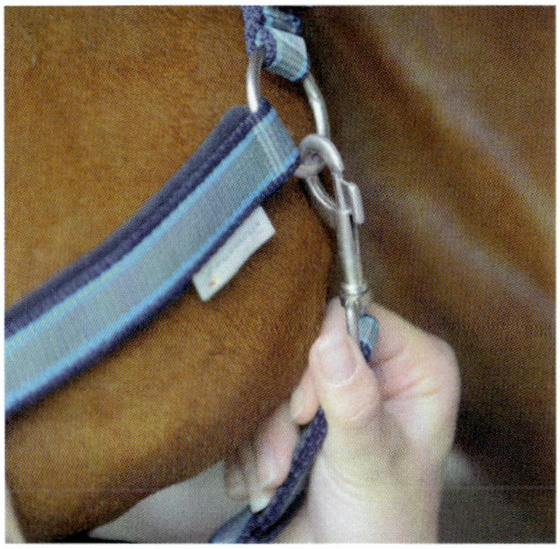

So schließt du das Halfter richtig. Zum Führen nimmst du immer einen Führstrick mit Karabinerhaken.

Bei der Vorbereitung zum Reiten

- Zum Putzen steht der Reiter immer möglichst nah am Pferd und hat das Augen- und Ohrenspiel im Blick.
- Um auf die andere Seite zu gelangen, geht der Reiter entweder in einem großen Bogen um das Pferd

Führstrick mit Karabinerhaken (links) und Anbindestrick mit Panikhaken (rechts)

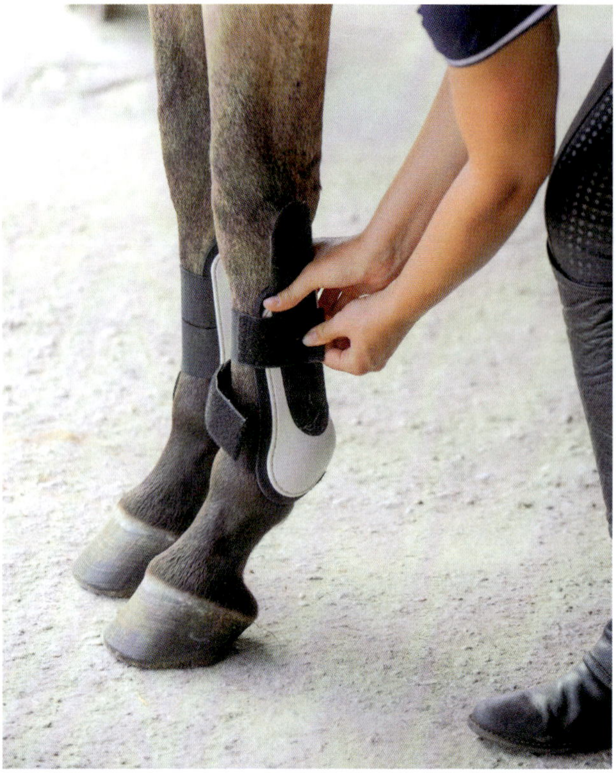

Anlegen der Gamaschen

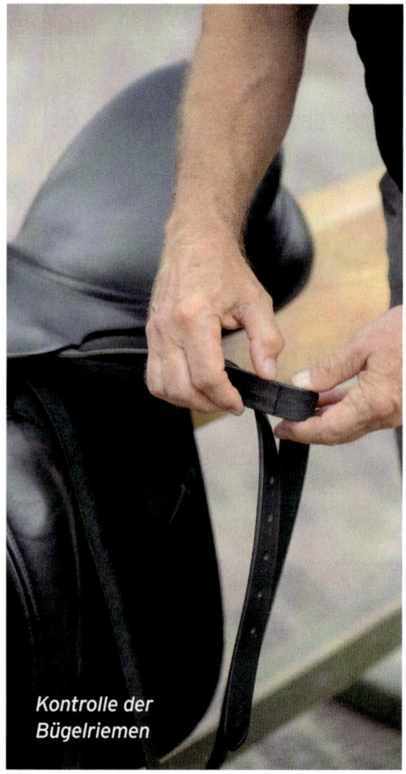

Kontrolle der Bügelriemen

herum oder er bleibt nah am Körper des Pferdes und hält eine Hand auf der Kruppe oder an der Schulter.

- Beim Satteln ist es wichtig, behutsam vorzugehen und die Reaktionen des Pferdes zu beobachten.
- Um den Beinschutz anzulegen, geht der Reiter in die Hocke, denn so kann er immer noch reagieren, wenn das Pferd zur Seite tritt. Durch eine versetzte Beinhaltung kann er dabei die eigene Standfestigkeit noch erhöhen.
- Niemals hinknien oder -setzen!
- Beim Auftrensen legt der Reiter erst die Zügel hinter die Pferdeohren, bevor er das Halfter abnimmt. So kann er das Pferd notfalls sichern.
- Eine sichere, gut sitzende und gepflegte Ausrüstung von Reiter und Pferd ist für die Sicherheit unabdingbar.
- Überprüfe vor jedem Reiten die „Schwachstellen" der Ausrüstung, insbesondere an den Zügeln, Bügelriemen oder Gurtstrupfen. Eine verschlissene, schlecht gepflegte Ausrüstung mit brüchigem Leder erhöht das Unfallrisiko erheblich.

Beim Reiten

Benutzen mehrere Reiter eine Reitbahn, dann müssen sich alle an die **Bahnordnung** halten. Die Regeln der Bahnordnung ermöglichen allen Beteiligten gefahrloses und sicheres Reiten. Dazu gehören:

- Beim Betreten der Reitbahn wird laut und deutlich „Tür frei bitte!" gerufen und die Antwort „Ist frei!" abgewartet.
- Das Auf- und Absitzen, das Nachgurten und das Verschnallen der Ausrüstung erfolgt immer auf der Mittellinie.

Eine Pferdelänge Sicherheitsabstand

- Im Schritt wird auf dem 2. oder 3. Hufschlag geritten.
- Zu anderen Pferden wird immer ein Abstand von einer Pferdelänge (ca. 3 m) eingehalten.
- Wird gleichzeitig auf beiden Händen geritten, ist grundsätzlich nach rechts auszuweichen.
- Ganze Bahn geht vor Zirkel.
- Die Tür der Reitbahn sollte aus Sicherheitsgründen stets geschlossen sein.
- Gute Boden- und Lichtverhältnisse tragen zur Sicherheit von Reitern und Pferden genauso bei, wie sicheres Hindernismaterial beim Springen.

Vielleicht gibt es in deinem Stall noch weitere Sicherheitsmaßnahmen. Auch die musst du natürlich immer beachten!

Checklisten zum Thema Sicherheit

Die Welt der Pferde ist bunt und vielfältig.

4 Körperbau, Rassen, Farben und Abzeichen: Die bunte Welt der Pferde

Die Welt der Pferde ist bunt und vielfältig. Das macht sie so einzigartig und faszinierend. Jedes Pferd ist anders. Und für jeden Reiter gibt es das passende Pferd, je nachdem, welche Vorlieben er hat. Es gibt nicht nur viele verschiedene Rassen, sondern auch ganz unterschiedliche Farben und Abzeichen. So ist jedes Pferd gut zu erkennen. Doch ein paar Dinge sind bei allen Pferden gleich, zum Beispiel der Aufbau des **Skeletts**. Schauen wir uns also erst einmal das Pferd von innen an.

4.1 Das Skelett

Pferde sind Wirbeltiere, das heißt, dass sie eine **Wirbelsäule** haben – so wie Menschen, Elefanten, Mäuse und auch alle anderen Säugetiere. Du kannst dir die Wirbelsäule wie eine Brücke zwischen den Vorder- und Hinterbeinen vorstellen. Beim Pferd wird die Wirbelsäule unterteilt in Halswirbel, Brustwirbel, Lendenwirbel, Kreuzwirbel und Schweifwirbel. Die Halswirbelsäule beginnt am Genick, hat 7 Halswirbel und läuft **S-förmig** zur Brustwirbelsäule. Durch diese S-Form kann das Pferd den Hals besonders gut strecken, heben und senken. An den 18 Brustwirbeln ist jeweils ein Rippenpaar angebracht, das Pferd hat also 18 **Rippenpaare** oder 36 einzelne Rippen. Davon sind die ersten 8 Paare unten mit dem Brustbein verbunden (Echte Rippen), die übrigen 10 Paare haben keine Verbindung zum Brustbein (Atmungsrippen). Die Dornfortsätze der Brustwirbel bilden den **Widerrist** und die Sattellage. Die 6 Lendenwirbel bilden gemeinsam mit den 5 Kreuzwirbeln die Kruppe. Im Schweif fühlst du die einzelnen Schweifwirbel (18 bis 21), die zum Ende hin sehr fein und beweglich werden. So kann das Pferd seinen Schweif sehr gut zum Beispiel zum Vertreiben von Fliegen benutzen.

Das Skelett des Pferdes

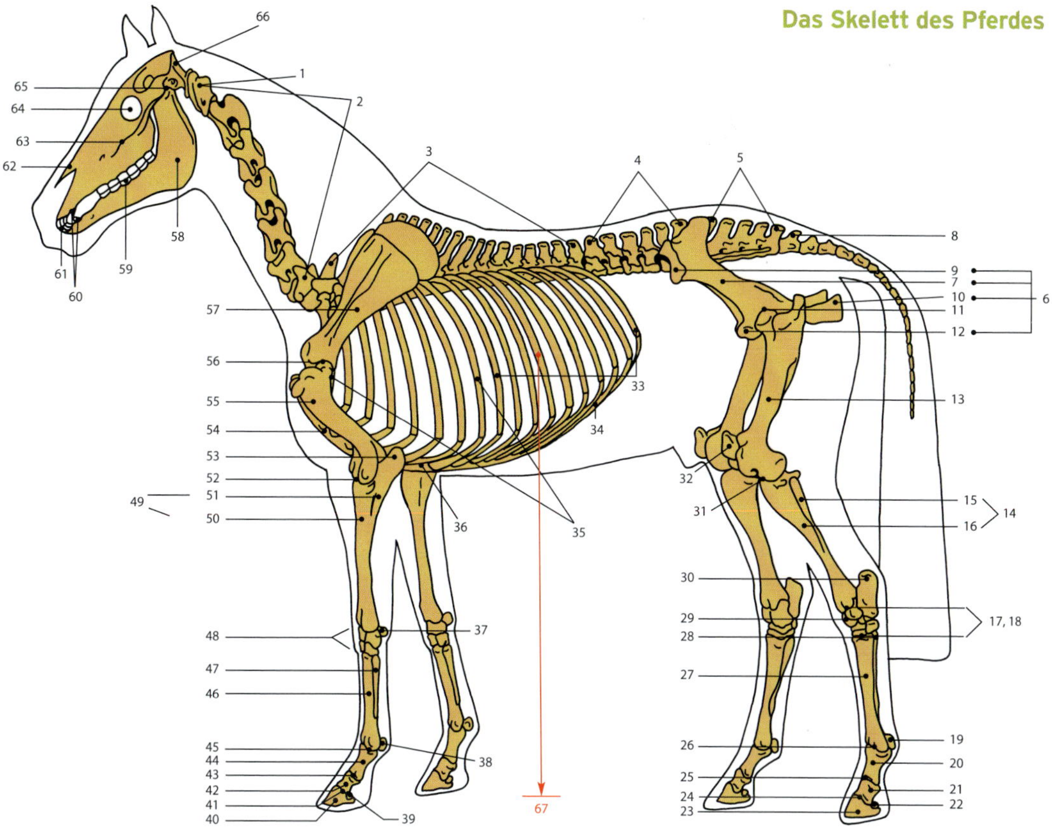

1 1. Halswirbel: Atlas
2 Halswirbel (7)
3 Brustwirbel (18)
4 Lendenwirbel (6)
5 Kreuzbein, Kreuzbeinwirbel (5)
6 Beckenknochen
7 Darmbein
8 Schweifwirbel = Schwanzwirbel (15 bis 21)
9 Hüfthöcker
10 Sitzbeinhöcker
11 Hüftgelenk
12 Schambein
13 Oberschenkelbein
14 Unterschenkelknochen
15 Wadenbein
16 Schienbein
17, 18 Hinterfußwurzelknochen: Hinterfußwurzelgelenk, Sprunggelenk (Tarsalgelenk)
19 Gleichbein
20 Fesselbein
21 Kronbein
22 Strahlbein
23 Hufbein
24 Hufgelenk
25 Krongelenk
26 Fesselgelenk
27 Hintermittelfußknochen (Hinterröhre)
28 Griffelbein
29 Rollbein
30 Fersenbein
31 Kniegelenk
32 Kniescheibe
33 9. bis 18. Rippe (Atmungsrippen)
34 Knorpeliger Rippenbogen
35 1. bis 8. Rippe (8 Tragerippen)
36 Brustbein
37 Erbsenbein
38 Gleichbein
39 Strahlbein
40 Hufbein
41 Hufgelenk
42 Kronbein
43 Krongelenk
44 Fesselbein
45 Fesselgelenk
46 Vordermittelfußknochen (Vorderröhre)
47 Griffelbein
48 Vorderfußwurzelknochen, Vorderfußwurzelgelenk, Karpalgelenk
49 Unterarmknochen
50 Speiche
51 Elle
52 Ellenbogengelenk
53 Ellenbogenhöcker
54 Brustbein
55 Oberarmbein
56 Schultergelenk (Buggelenk)
57 Schulterblatt
58 Unterkiefer
59 Backenzähne
60 Hakenzähne
61 Schneidezähne
62 Nasenbein
63 Jochbeinleiste
64 Augenhöhle
65 Kiefergelenk
66 Hinterhauptbein
67 Massenmittelpunkt

Pferde sind sogenannte **Zehengänger**, das heißt, sie laufen auf der Zehenspitze – strenggenommen nur auf der Spitze einer einzigen Zehe, denn Pferde gehören zu den **Einhufern** (Einzeher). Auch bei Zebras, Eseln und Halbeseln haben sich außer der mittleren Zehe alle anderen zurückgebildet. Die Mittelfußknochen sind deutlich länger als bei uns, **Ellbogen** und **Knie** sitzen deshalb beim Pferd viel weiter oben.

Jetzt weißt du schon, wie dein Pferd von innen aussieht und kannst am Pferd zum Beispiel den Verlauf der Wirbelsäule zeigen.

Schauen wir uns jetzt den **Körperbau** des Pferdes an. Experten sprechen auch vom **Exterieur**. Vor allem junge Pferde werden zum Beispiel bei Körungen oder in Reitpferdeprüfungen im Hinblick auf ihren Körperbau beurteilt. Denn erfahrene Pferdeleute können etwa aus der Winkelung der Hinterbeine oder dem Ansatz des Halses ziemlich gut ablesen, ob das Pferd später gut springen oder schwungvoll traben kann.

4.2 Der Körperbau

Um den Körperbau zu beschreiben, gehst du am besten erst einmal einen Schritt zurück. Mit ein bisschen Abstand kannst du das ganze Pferd anschauen und bekommst einen Gesamteindruck. Dabei unterteilst du das Pferd in drei Abschnitte: die Vorhand, die Mittelhand und die Hinterhand.

- Zur **Vorhand** zählen der Kopf, der Hals, die Brust und die Vorderbeine.
- Die **Mittelhand** wird aus dem Rumpf mit Widerrist, Rücken und Nierenpartie gebildet.
- Die **Hinterhand** besteht aus der Kruppe, den Hinterbeinen sowie dem Schweif des Pferdes.

Vereinfacht ausgedrückt ist die Hinterhand der Motor der Vorwärtsbewegung. Die Vorhand stützt das Pferd und fängt die Bewegung auf. Die Mittelhand stellt die Brücke dazwischen dar. Um in der Natur schnell laufen zu können, trägt das Pferd etwa 55 seines Gewichts auf der Vorhand, die Hinterhand trägt nur 45 . Das hilft beim Beschleunigen und Flüchten.

Das Verhältnis der Rumpflänge zur Widerristhöhe wird in der Exterieurlehre als **Format** bezeichnet. Es gibt Pferde im **Rechteck-Format** und Pferde im **Quadrat-Format**. Das Pferd im Rechteckformat ist etwas länger als hoch. Warmblüter stehen meistens im Rechteck-Format. Durch den längeren Rücken haben sie oft weiche, schwingende Bewegungen und sind gut zu sitzen. Das Pferd im Quadratformat ist in etwa so lang wie hoch. Viele Ponys, Springpferde und iberische Rassen (Lusitanos, Andalusier) sind eher quadratisch. Ihr Rücken ist kürzer, dadurch stabiler und kräftiger. Dafür sind die Bewegungen oft nicht so schwungvoll.

Damit das Pferd lange gesund bleibt und viele Jahre geritten werden kann, ist eine korrekte **Stellung** der Beine (Gliedmaßen) wichtig. Wenn du die Beine deines Pferdes von vorn oder von hinten betrachtest, sollten sie parallel zueinander stehen. Und auch von der Seite aus, ist eine gleichmäßige Stellung der Beine wichtig für die Stabilität und Gesundheit.

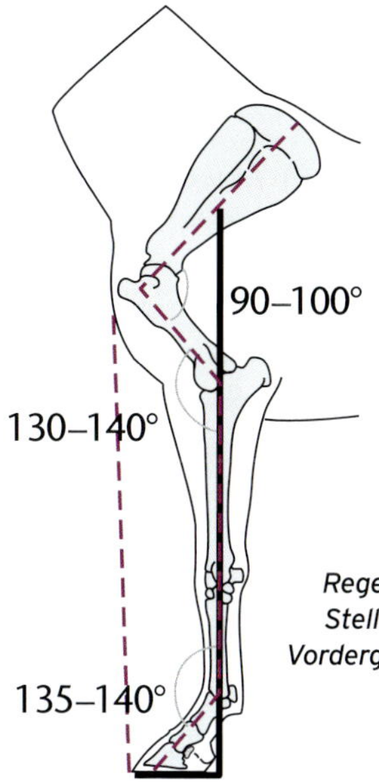

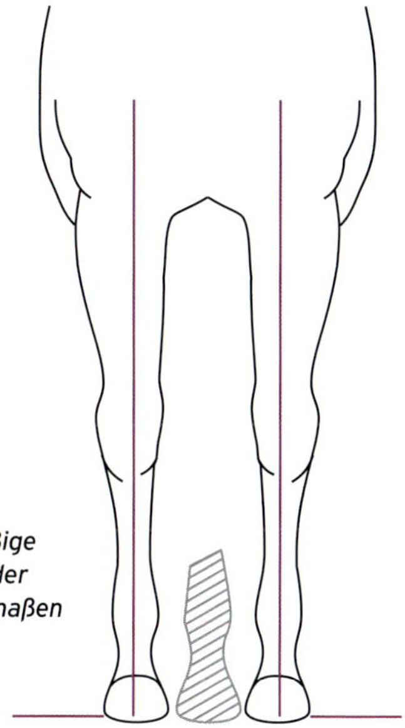

Regelmäßige Stellung der Vordergliedmaßen

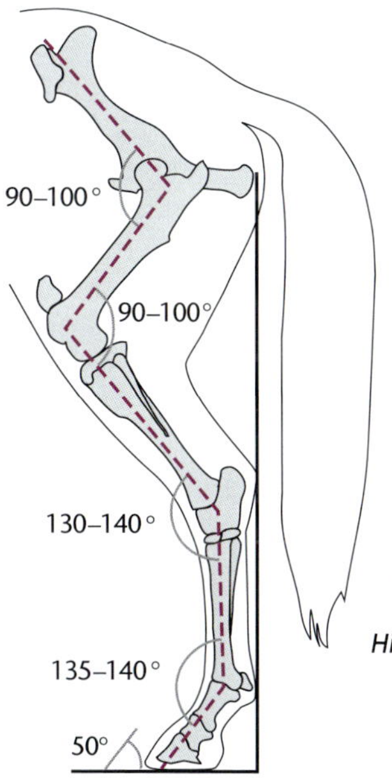

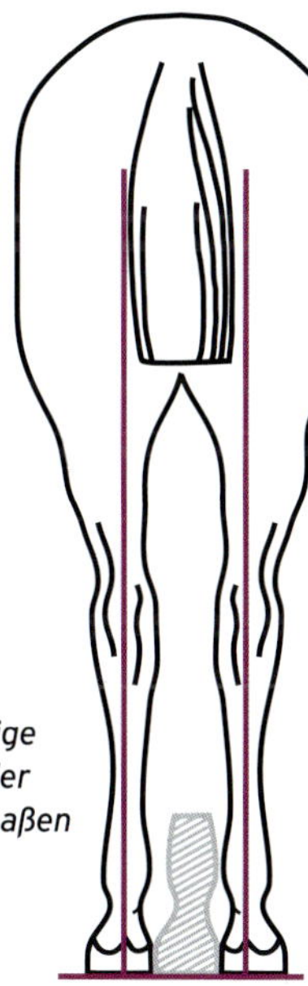

Regelmäßige Stellung der Hintergliedmaßen

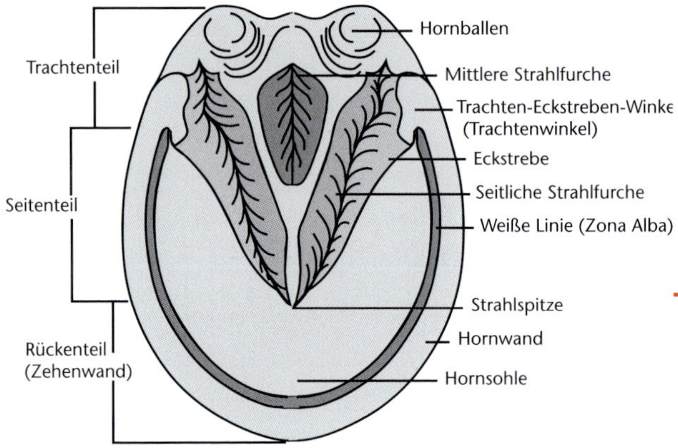

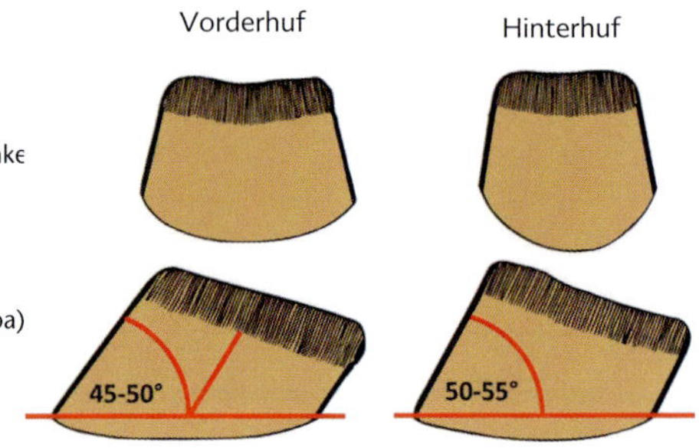

Vorder- und Hinterhuf sind unterschiedlich geformt.

4.3 Die Hufe

Ein wahres Wunder der Natur sind die **Hufe** des Pferdes. Sie tragen das Gewicht, federn die Bewegungen ab und wirken wie Stoßdämpfer auf hartem, unebenem Boden. Deshalb ist es so wichtig, dass die Hufe gesund sind. Das Horn sollte hart und glatt sein und keine Ringe oder Risse aufweisen. Ein kräftiger, gesunder **Strahl** ist wichtig für die Hufgesundheit, denn er ist eine Art Polster am Huf. Die Vorderhufe sind größer und runder, die Hinterhufe eher spitz-oval und schmaler. Das macht auch Sinn, denn die Vorderhufe tragen mehr Gewicht.

Besonders faszinierend ist der **Hufmechanismus**, der wie ein Stoßdämpfer wirkt. Dadurch wird sichergestellt, dass der Huf ausreichend mit Blut - also Sauerstoff und Nährstoffen - versorgt wird. Die Hornkapsel ist trotz des harten Horns elastisch. Bei jedem Auftreten verformt sich die Hufkapsel ein kleines bisschen, federt so das Gewicht ab und wirkt dabei gleichzeitig wie eine Pumpe. Setzt das Pferd den Huf auf, weitet und dehnt sich der hintere Bereich des Hufes. Nimmt das Pferd den Huf hoch, zieht sich der hintere Bereich wieder zusammen. Als würde man einen Schwamm auspressen, kommt so mit jedem Schritt frisches Blut in den Huf. Vereinfacht ausgedrückt: viel Bewegung erhält die **Durchblutung** und damit - unter anderem - die Gesundheit der Hufe.

Um den Hufmechanismus nicht zu stören, setzt der Hufschmied beim Beschlagen keine Nägel hinter der weitesten Stelle, also den hinteren Bereich des Hufes. Wenn der Schmied die alten Eisen abnimmt, kannst du am hinteren Ende sehen, wie das Eisen dort oft blank poliert ist. Das ist ein Zeichen dafür, dass der Hufmechanismus gut funktioniert.

4.4 Die Rassen

Jetzt hast du gesehen, dass im Inneren eigentlich alle Pferde gleich sind. In ihrem Skelett unterscheiden sie sich nicht sehr voneinander. Der Körperbau hingegen kann sehr unterschiedlich sein. Das hängt auch oft mit der **Pferderasse** zusammen. Grundsätzlich lassen sich Pferde in die Gruppen Warmblüter, Kaltblüter, Vollblüter und Ponys unterteilen. Außerdem gibt es noch Spezialrassen wie Westernpferde, Friesenpferde oder Gangpferde. Ponys sind nicht größer als 1,48 m Stockmaß (Widerristhöhe) und werden darum besonders gern von Kindern geritten.

Es gibt darüber hinaus noch viele weitere Pferderassen. Und ebenso

viele Kreuzungen aus den verschiedenen Pferderassen. Wichtig ist, dass jede Rasse für einen besonderen Zweck gezüchtet wurde. Der Kaltblüter ist groß und stark, er kann sehr gut schwere Lasten ziehen und ist als Arbeitspferd, zum Beispiel in der Forstwirtschaft, beliebt. Als Spitzensportler auf dem Dressurviereck ist er hingegen nur wenig geeignet. Und ebenso wird sich ein Islandpferd in einem Pferderennen schwertun. Es gehört zu unseren Pflichten als Pferdefreund zu beurteilen, wofür jedes einzelne Pferd Talent hat. Wir dürfen es nicht zu einer Leistung zwingen, die es aufgrund seiner Rasse und der rassetypischen Eigenschaften nicht erbringen kann.

Beispiele für die unterschiedlichen Gruppen und ihre Pferderassen:

Warmblut	Kaltblut	Vollblut	Pony	Spezialrassen
Trakehner	Rheinisch-Deutsches Kaltblut	Arabisches Vollblut	Deutsches Reitpony	American Quarter Horse
Hannoveraner	Süddeutsches Kaltblut	Englisches Vollblut	Welsh Pony	Islandpferd
Holsteiner	Schwarzwälder	Traber	Shetlandpony	Friesenpferd
Oldenburger	Schleswiger	Anglo-Araber	Haflinger	Lipizzaner

Weiße Abzeichen am Kopf

Strich *Flocke und Schnippe* *Stern* *Keilstern* *Blesse* *Laterne*

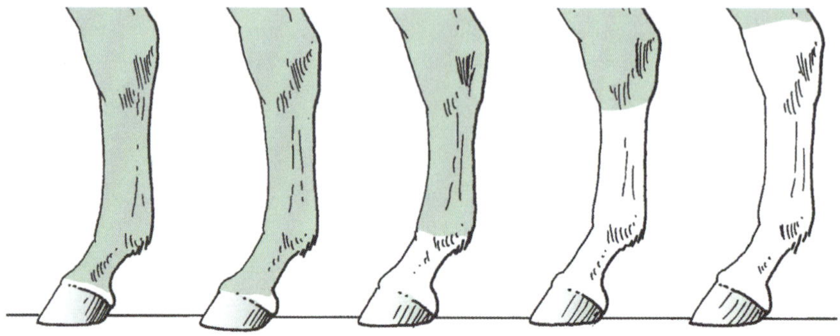

Abzeichen am linken Hinterbein

Kronenrand weiß *Ballen weiß* *Fessel weiß* *Fuß weiß* *Bein weiß*

4.5 Die Farben und Abzeichen

So wie bei uns Menschen auch, gibt es keine zwei Pferde, die genau gleich aussehen. Auch wenn sie sich auf den ersten Blick manchmal sehr ähneln, wirst du bei näherem Hinsehen immer Unterschiede erkennen. Und das ist auch gut so. Denn Farbe und Abzeichen sind einmalig. So kann jedes Pferd identifiziert – also erkannt – und vom anderen unterschieden werden. Wenn wir beim Pferd von Farbe sprechen, ist immer die Farbe des Fells und des Langhaars – das sind Mähne und Schweif – gemeint. Folgende Grundfarben gibt es beim Pferd:

- Ein **Fuchs** hat rot-braunes Fell, Mähne und Schweif sind ebenfalls rot oder hell. Es gibt auch Hell- und Dunkelfüchse.
- Ein **Rappe** hat schwarzes Fell und Langhaar.
- Ein **Brauner** hat braunes Fell und schwarzes Langhaar. Oft sind auch die Beine schwarz. Es gibt – je nach Braunton des Fells – Hellbraune, Braune, Dunkelbraune und Schwarzbraune.

Dieses sind die Grundfarben. Daraus können sich aber noch viele andere Farben entwickeln, zum Beispiel Palomino, Falbe, Schecke oder auch Schimmel. **Schimmel** stellen eine Besonderheit dar: Sie werden immer dunkel geboren und „schimmeln" erst im Laufe der Jahre. Es werden also immer mehr Haare weiß. Wenn du einen Schimmel wäschst, siehst du, dass die Haut unter dem Fell fast überall schwarz ist. Nur an den Stellen, die von Geburt an Abzeichen waren, ist die Haut rosa. Also kann auch ein Schimmel Abzeichen haben.

Abzeichen sind die weißen Stellen am Körper des Pferdes. Unter den Abzeichen ist die Haut rosa. Die meisten Pferde haben Abzeichen am Kopf und an den Beinen. Einige Pferde haben auch weiße Flecken am Bauch.

Anhand ihrer Farbe und ihrer Abzeichen werden Pferde in ihrem **Equidenpass**, umgangssprachlich auch Pferdepass genannt, identifiziert. Im Equidenpass ist eine Skizze des Pferdes enthalten. Man nennt es auch Diagramm. Hier trägt der Tierarzt oder ein anderer Fachmann ein, an welcher Stelle das Pferd Abzeichen, also Partien mit weißen Haaren hat. Wenn dein Pferd gar keine Abzeichen hat, dann kann es zum Beispiel an seinen Haarwirbeln oder der Form der Kastanien identifiziert werden. **Kastanien** sind die verhornten Stellen an den Innenseiten der Beine.

➤ Prüfungstipp: Wenn du die Abzeichen deines Pferdes beschreibst, fange immer am Kopf an. Und zwar von der Stirn nach unten zum Maul. Dann kommen die Beine in der Reihenfolge vorn links, vorn rechts, hinten links und hinten rechts.

Auch das **Brandzeichen** hilft beim Erkennen eines Pferdes. Am Brandzeichen siehst du, aus welchem Zuchtverband das Pferd kommt. Er ist bei Pferden aus deutscher Zucht immer am linken Schenkel. Unterhalb des Brandzeichens findet man in vielen Fällen auch einen Nummernbrand. Seit 2019 ist es allerdings verboten, Pferde mit einem Brandzeichen zu kennzeichnen, seitdem sind das Diagramm und ein **Mikrochip** beim Erkennen des Pferdes ausschlaggebend.

Alle Pferde, die nach 2009 geboren wurden, tragen einen **Mikrochip**.

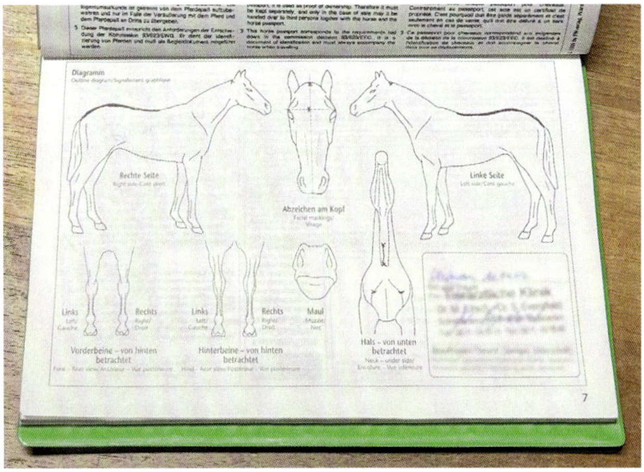

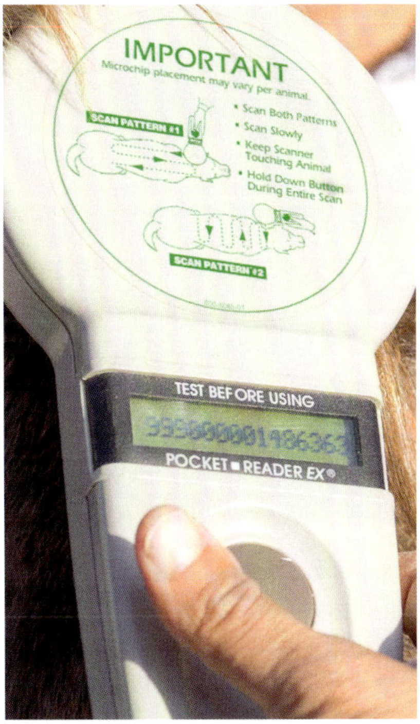

Equidenpass und Mikrochip helfen bei der Identifikation des Pferdes.

Dieser wird von einem Tierarzt oder anderen Fachleuten in den Hals des Pferdes eingesetzt. Jeder Mikrochip enthält eine Nummernkombination, die ebenfalls im Equidenpass eingetragen wird. Um den Mikrochip lesen zu können, wird ein spezielles Gerät benötigt. Zusammen mit dem Equidenpass sind so Verwechslungen von Pferden fast ausgeschlossen.

Alle Pferde fressen bis zu 16 Stunden am Tag.

5 Haltung, Fütterung und Gesundheit: Ein Tag bei den Pferden

Eigentlich lebt das Pferd in der Steppe. Dort ist es mit seiner Herde ständig in Bewegung und frisst fast den ganzen Tag. Heutzutage geht das oft nicht mehr, weil zum einen der Platz dafür nicht reicht und weil wir zum anderen die Pferde auch reiten oder uns anderweitig mit ihnen beschäftigen möchten. Deshalb werden Pferde heute meistens in Ställen gehalten. Pferdeställe können ganz unterschiedlich aussehen. Immer aber sollten sie pferdegerecht sein, also den natürlichen Bedürfnissen des Pferdes entsprechen. Die **natürlichen Bedürfnisse** des Pferdes sind

- viel Bewegung,
- frische Luft und Tageslicht,
- Kontakt zu Artgenossen,
- raufutterreiches Futter und Wasser.

Dann fühlen sich Pferde wohl.

5.1 Moderne Pferdehaltung: Wie Pferde wohnen

Du weißt bereits, dass das Pferd ursprünglich ein Steppenbewohner war. Doch außer einigen wenigen Wildpferden zum Beispiel in der Mongolei oder in den USA, leben die allermeisten Pferde heute in der Obhut der Menschen. Wir bringen sie in Ställen unter, füttern, pflegen und reiten sie. Damit tragen wir einen Menge Verantwortung für ihre Gesundheit und ihr Wohlbefinden.

Für jedes Pferd ein passender Stall

Es gibt verschiedene Möglichkeiten, wie Pferde wohnen können. Eine Möglichkeit ist das Halten der Pferde in einer Gruppe. Bei der **Gruppenhaltung** ist es oft so, dass die Pferde in einer

Im Laufstall leben mehrere Pferde zusammen.

Herde auf größeren Flächen leben. Sie können dort umherlaufen, fressen, im Sand liegen und dösen oder im Unterstand Schutz vor Insekten suchen. Viel Bewegung haben die Pferde so auf jeden Fall. Die Gruppenhaltung funktioniert aber nur, wenn sich die Pferde gut verstehen und auch rangniedrige Pferde an die Tränke oder die Heuraufe kommen und sich auch ausruhen können. Eine gute Gruppenhaltung braucht sehr viel Platz und ein gutes Konzept, damit alle Pferde ausreichend versorgt werden und sich wohl fühlen.

Für junge Pferde ist besonders die Haltung im **Laufstall** geeignet. Da leben mehrere Pferde als Gruppe zusammen in einem großen Stall, in dem sie Stroh, Heu, Wasser und auch ihr Kraftfutter bekommen. Sie haben genug Platz zum Spielen, Fressen und Schlafen. Oft ist an den Laufstall eine Weide, ein Auslauf oder ein Paddock angeschlossen, damit für genügend Bewegung und frische Luft gesorgt ist. Ein einzelnes Pferd aus dieser Gruppe zu holen, ist aber nicht ganz einfach, darum wird die Laufstallhaltung für Reitpferde nicht so oft genutzt.

Neben der Gruppenhaltung gibt es die sogenannte **Einzelhaltung**. Aber keine Angst – auch hier werden die Pferde nicht allein gehalten.

Die Box – das Appartement der Pferde

Damit das Pferd sich in seiner Box wohlfühlt, ist die **Größe** wichtig. Je größer die Box, desto besser kann sich das Pferd bewegen und ausgestreckt hinlegen. Pferde sind sehr reinliche Tiere. In einer Box möchten sie sich zum Schlafen nicht in ihren eigenen Mist legen. Darum gilt die folgende Formel zur Berechnung der Boxengröße: doppelte Widerristhöhe zum Quadrat $(Stm \times 2)^2$. Dann braucht ein normal großes Pferd mit einer Widerristhöhe von 1,70 m eine Box mit etwa 12 m^2. Für ein Pony mit ca. 1,40 m Stockmaß sollte die Box 8 m^2 groß sein. Ein gro-

Ein Fenster bringt frische Luft, Licht und Kontakt zum Nachbarn.

ßes **Fenster** nach draußen sorgt für frische Luft, Tageslicht und die Möglichkeit, die Umgebung zu beobachten. Durch die Gitterstäbe im oberen Teil vieler Boxen kann das Pferd Kontakt zu seinem Nachbarn aufnehmen. Auch wenn die Pferde einzeln wohnen, sind sie so nicht allein.

Für die Versorgung braucht es eine **Tränke** und einen **Futtertrog**. Diese sind idealerweise diagonal zueinander angebracht, damit die Pferde ihre Tränke nicht mit Heu oder Kraftfutter verunreinigen. Am liebsten mögen Pferde Stroh als Einstreu in ihrer Box. Das ist weich und saugfähig und dient dem Pferd außerdem als Raufutter. Aufgrund von gesundheitlichen Problemen benötigen manche Pferde eine andere Einstreu, wie beispielsweise Hobelspäne. Als Ausgleich ist dann aber ganz viel Heu wichtig, denn Pferde sind schließlich „Dauerfresser" (siehe Seite 49).

Weide für das Wohlbefinden

Doch auch die schönste Box allein genügt dem Pferd nicht. Wer Pferde in Boxen hält, muss ihnen auf jeden Fall stundenweise freie Bewegung ermöglichen. Das ist sogar in den *Leitlinien zur Beurteilung von Pferdehaltungen unter Tierschutzgesichtspunkten* so festgelegt. Am liebsten verbringt dein Pferd seine Freizeit natürlich auf einer Wiese mit anderen Pferden. Das kommt seiner Natur einfach am nächsten. Als Alternative zu Weiden gibt es mittlerweile in vielen Ställen geräumige Ausläufe. Der Boden ist oft befestigt, so dass sich die Pferde zu jeder Jahreszeit auf ihnen bewegen können. Manchmal werden kleinere Paddocks auch direkt an die Box angeschlossen. Sie reichen aber für freie Bewegung meistens nicht aus, da diese Paddocks einfach nicht groß genug sind. Dafür helfen sie, das **Stallklima** zu verbessern.

Die Stallgasse – Treffpunkt für Pferde und Reiter

Wenn dein Pferd in einer Box lebt, gibt es sicherlich eine Stallgasse vor der Box. Ob zum Misten, Füttern, Putzen oder Satteln – auf der Stallgasse ist eigentlich immer etwas los. Umso wichtiger ist es, dass sich alle an die Regeln

Auf den Punkt gebracht: Stallklima

- Die **Temperatur** im Stall ähnelt der Außentemperatur.
- Durch geöffnete Fenster und Türen kommt viel frische **Luft** in den Stall.
- Große Fenster an den Boxen sorgen für **Licht** und Außenreize.
- **Schädliche Gase** wie Ammoniak werden durch eine gute Belüftung und ordentliche Pflege der Einstreu verhindert.
- Die **Luftfeuchtigkeit** liegt bei 60 bis 80 . Zu feuchte Luft fördert die Schimmelbildung, zu trockene Luft führt zu einer Staubbelastung.

halten und für **Ordnung** und **Sicherheit** auf der Stallgasse sorgen. Das beginnt damit, dass auf der Stallgasse alles seinen Platz hat. Besonders Besen, Mistgabeln, Schubkarren und Halfter werden schnell zu Stolperfallen, wenn sie achtlos irgendwo herumliegen. Auch deine Putzkiste darfst du nicht einfach auf der Stallgasse stehenlassen. Ist die Stallgasse breit genug ist, können auch zwei Pferde gut aneinander vorbeigeführt werden. Außerdem kannst du dein Pferd auf einer breiten Stallgasse auch besser umdrehen. Sind an den Boxen Fenster zur Stallgasse angebracht, schauen die Pferde gern aus ihrer Box dem Treiben auf der Stallgasse zu. Manchmal ist es dann besser, die Fenster vorübergehend zu schließen, um Beschnuppern, Quietschen und Beißen zu verhindern. Wenn du an einem Pferd vorbeigehen möchtest, das auf der Stallgasse angebunden steht, denke daran, dass du das Pferd vorher ansprichst. Dann ist es vorbereitet und erschreckt sich nicht, wenn du plötzlich auftauchst.

Die Stallgasse **sauber** zu halten, ist auch deine Aufgabe. Wenn du mit dem Putzen fertig bist, fege deinen Putzplatz. Das sieht nicht nur ordentlicher aus, sondern es ist auch den Mitreitern gegenüber nett und erhöht die Sicherheit auf der Stallgasse für alle – Pferde und Reiter. Zusammengefegter Mist, Staub und Haare gehören auf den Misthaufen, nicht in die Pferdebox.

Ordnung auf der Stallgasse dient der Sicherheit.

Alles hat seinen Platz in der Sattelkammer.

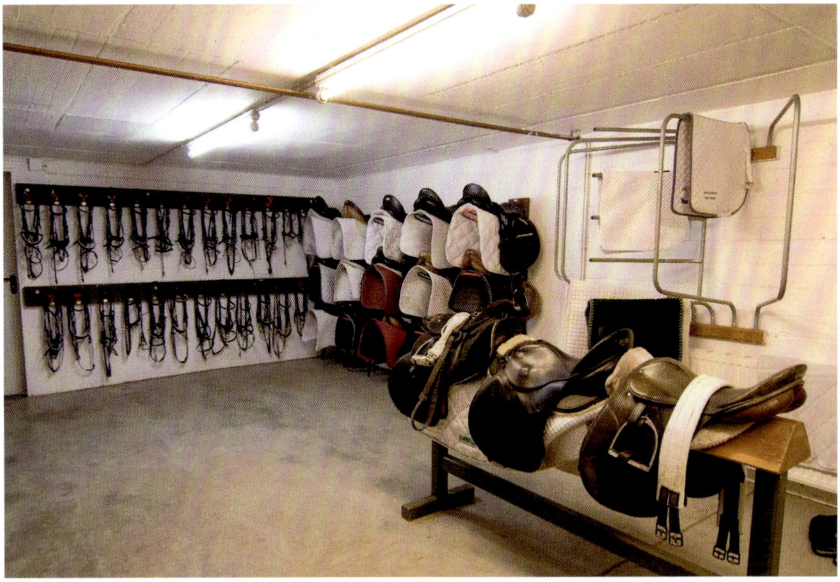

Die Sattelkammer – das Herzstück des Pferdestalls

Dort, wo Pferde geritten werden, gibt es meistens auch eine Sattelkammer. Das ist der Ort, an dem das Sattelzeug der Pferde gelagert wird. Dort gibt es Sattelhalter, Trensenhalter und eine Aufbewahrungsmöglichkeit für Satteldecken, Putzzeug und Pferdedecken sowie für Halfter und Stricke. Ledersachen werden am besten **trocken** und **luftig** aufbewahrt, sonst kann es leicht zu Schimmelbildung kommen. Ein Fenster hilft, das Klima zu verbessern. Ein Waschbecken ist praktisch, damit du das Trensengebiss nach dem Reiten gleich abwaschen kannst und Wasser hast, wenn du den Sattel oder die Trense putzen möchtest. Auch eine Heizung in der Sattelkammer ist sinnvoll, denn dann trocknen Schabracken und Abschwitzdecken schneller. Damit sich alle Reiter in der Sattelkammer gut zurechtfinden, ist vor allem **Ordnung** ganz wichtig. Bringe darum nach dem Reiten alles zurück an seinen Platz und helfe auch anderen Reitern, die sich noch nicht so gut auskennen wie du.

5.2 Fütterung: Was steht auf dem Speiseplan deines Pferdes?

Neben der Haltung spielt die Fütterung für das Wohlbefinden und die Gesundheit des Pferdes eine wichtige Rolle. Denn auch in diesem Bereich geben die Natur des Pferdes, seine Herkunft und seine angeborenen Bedürfnisse den Rahmen vor.

Vom Heu zum Pferdeapfel – die Verdauung

Bevor wir einen Blick in die Futterkammer werfen, schauen wir uns das Pferd noch einmal von innen an. Dann sehen wir, dass die Verdauung des Pferdes immer noch auf ein Leben in der Steppe eingestellt ist. Das Pferd hat im **Maul** kräftige Backenzähne zum Mahlen von hartem Gras. Die Backenzähne wachsen lebenslang. Um sie abzunutzen, braucht das Pferd viel Raufutter, also Heu und Stroh, die gründlich gekaut werden müssen. Kraftfutter (Hafer, Müsli und Pellets) werden nur ein Viertel der Zeit gekaut, die es braucht, um Heu zu kauen.

Auf den Punkt gebracht: Die Verdauung des Pferdes

- Im **Maul** wird das Futter zerkleinert und eingespeichelt.
- Im **Magen** wird das Futter mit Magensaft durchmischt und die Verdauung vorbereitet.
- Im **Dünndarm** wird Leichtverdauliches aus dem Futter aufgenommen.
- Im **Dickdarm** wird die schwerverdauliche Rohfaser verdaut.
- Im hinteren **Dickdarm** wird der Kot geformt.
- Im **Enddarm** sammelt sich der Kot vor dem Ausscheiden.

Beim Kauen wird das Futter eingespeichelt. Das ist wichtig für die Verdauung. Um gut einzuspeicheln braucht das Pferd Ruhe beim Fressen. Dann produziert ein Pferd bis zu 25 l Speichel am Tag. Der gut zerkleinerte und eingespeichelte Futterbrei kommt dann in den **Magen**. Der ist relativ klein (gemessen an der Größe des Pferdes), er fasst etwa 15 l. Das ist ganz wichtig zu wissen, denn zu große Portionen an Kraftfutter überladen den Magen und können zu Verdauungsstörungen führen. Deshalb bekommen Pferde stets mehrere kleine Portionen am Tag, meistens wird dreimal täglich Kraftfutter gefüttert - morgens, mittags und abends. Der Magen bereitet, vereinfacht ausgedrückt, die weitere Verdauung vor. Damit er seine Arbeit leisten kann, muss während des Fütterns und mindestens eine Stunde danach absolute Ruhe im Stall herrschen.

Der Darm des Pferdes ist unglaublich lang: etwa 25 bis 30 m insgesamt. Er wird unterteilt in den **Dünndarm** und den **Dickdarm**. Dabei holt der Dünndarm die leichtverdaulichen Stoffe (Stärke, Zucker, Fette) aus dem Futter, der Dickdarm ist für die schwerverdaulichen Bestandteile (Rohfaser) zuständig. Im hinteren Teil des Dickdarms wird die Flüssigkeit entzogen und es werden die typischen Pferdeäpfel geformt. Ist die Verdauung des Pferdes in Ordnung, sind die Äpfel gleichmäßig geformt, glänzend, grünbraun und nicht sehr unangenehm im Geruch.

Im Gegensatz zu vielen anderen Lebewesen ist die gesamte Verdauung des Pferdes auf eine **ständige Zufuhr** von Raufutter (vor allem Heu und Gras, Stroh als Ergänzung) ausgerichtet. Bis zu 16 Stunden am Tag verbringen Pferde mit dem Fressen, um ihre Verdauung in Gang zu halten. Deshalb werden Pferde auch als **Dauerfresser** bezeichnet. Fresspausen von mehr als 4 Stunden können bereits zu Problemen führen und müssen daher vermieden werden.

Heu, Hafer und vieles mehr - was Pferde fressen

Ganz grob unterteilen wir das Futter der Pferde in **Raufutter, Kraftfutter** und **Saftfutter**. Zum **Raufutter** gehören Heu, Silage, Stroh und auch Gras. Heu stellt das Grundfutter der Pferde dar. Die meisten Pferde können daher **Heu** zur freien Verfügung bekommen. Im Stall wird täglich mindestens 1,5 kg pro 100 kg Körpergewicht gefüttert - bei einem Großpferd mit 500 kg Gewicht sind das 7,5 kg. Wiege die Menge für dein Pferd ruhig einmal ab, du wirst erstaunt sein, wie viel Heu dein Pferd braucht!

Gras fressen alle Pferde gerne.

Um die **Qualität** des Heus zu überprüfen, nutzt du deine Sinne (Sinnesprüfung). Gutes Heu

- sieht frisch und grün-gelb aus,
- riecht angenehm,
- fühlt sich recht grobfaserig und nicht zu weich an und
- ist frei von Staub, Schimmel oder Schmutz.

Gras fressen alle Pferde gern. Wenn sie jeden Tag ein paar Stunden auf die Weide können, bekommen sie neben Auslauf, Abwechslung und Sozialkontakten auch noch mehr Saft- beziehungsweise Raufutter (je nach Jahreszeit) für eine gesunde Verdauung. Pferde, die wenig oder gar nicht geritten werden, können das ganz Jahr über auf großen Weiden leben. Nur im Winter ist dann das Füttern von Heu beziehungsweise Raufutter und vielleicht Kraftfutter erforderlich. Hat dein Pferd den Winter im Stall und auf seinem winterfesten Auslauf ohne Gras verbracht, wird es im Frühling erst einmal schrittweise an das frische Gras gewöhnt. Das nennt man „Anweiden". Sonst kann es zu Durchfall und Koliken kommen.

Stroh dient meistens als Einstreu im Stall und ist als Ergänzung zu Gras und Heu gut geeignet. Aber Vorsicht, wird zu viel Stroh gefressen, kann dies zu Verstopfungen und schlimmstenfalls zu Koliken führen.

Kraftfutter versorgt dein Pferd mit Nährstoffen und Energie, die es für das Reiten braucht. Das Angebot an Kraftfutter im Handel ist riesig. Es gibt Einzelfutter wie **Hafer** oder Mais, Mischfutter wie **Pellets** oder **Müsli** und Ergänzungsfutter wie Mineralien, Vitamine und Kräuter. Was das Kraftfutter angeht, ist meistens weniger mehr: Guter Hafer ist nach wie vor das beste Kraftfutter für Pferde. Als Faustformel gilt hier: 0,5 kg je 100 kg Körpergewicht ist eine gute Grundlage. Wenn ein Großpferd 500 kg wiegt, bekommt

Quetschhafer (links), Pellets (Mitte) und Müsli (rechts)

es 2,5 kg Kraftfutter am Tag. Am besten verteilt auf 3 Mahlzeiten, damit der Magen nicht zu viel auf einmal verdauen muss. Je nachdem wie viel die Pferde arbeiten, wird diese **Grundration** noch ergänzt. Manche Pferde vertragen Hafer nicht so gut, da sind dann Pellets oder Müsli besser geeignet. In diesem Mischfutter sind neben Getreide auch Vitamine und Mineralien enthalten. So ist das Pferd mit allem versorgt, was es braucht. Wichtig ist, dass das Futter zum Pferd passt. Einem Shetlandpony Hochleistungsfutter zu geben, macht zum Beispiel keinen Sinn. Davon wird es nicht nur zu dick, sondern schlimmstenfalls auch krank.

Saftfutter enthält viel Wasser und ist eine gute Ergänzung zu Rau- und Kraftfutter. Äpfel, Möhren, Rüben und junges Gras gehören dazu. Saftfutter mögen alle Pferde gern. Zuviel davon kann aber leicht zu Durchfall führen, darum ist es besser, Saftfutter eher als Belohnung zu füttern. Ein paar Möhren, Äpfel oder rote Beete nach der Arbeit sind in Ordnung, sattfressen sollte sich dein Pferd daran aber nicht.

Zusätzlich zum Futter braucht dein Pferd frisches, sauberes **Wasser**. Pferde saufen zwischen 25 bis 60 l am Tag. Das ist ganz schön viel! Ohne Wasser werden Pferde sehr schnell krank; überprüfe deshalb am besten jeden Tag, ob die Tränke deines Pferdes sauber ist und funktioniert.

Ein **Salzleckstein** in der Box versorgt dein Pferd mit Salz; das braucht es zum Beispiel, wenn es geschwitzt hat.

Pferde füttern ganz praktisch

Hast du schon einmal bei der Fütterung der Pferde mitgeholfen? Dann hast du sicherlich gemerkt, dass nicht alle Pferde die gleiche Menge oder das gleiche Futter bekommen. Um die richtige **Ration** zu berechnen, ist ein bisschen Mathe notwendig. Und natürlich ein guter Blick für das Pferd!

Für jedes Pferd gibt es die individuell angepasste Futterration.

Erst einmal ist es gut, eine Faustformel zur Orientierung zu haben. 1,5 kg Raufutter und 0,5 kg Kraftfutter pro 100 kg Körpergewicht sind als Grundlage geeignet. Ponys wiegen meistens zwischen 300 und 400 kg, Großpferde zwischen 500 und 600 kg. Wenn du unsicher bist, kannst du dein Pferd auch wiegen lassen. Doch nicht nur das Gewicht entscheidet über die Ration. Es gibt noch weitere Punkte zu beachten:

- Größe des Pferdes
- Alter
- Temperament
- Rasse
- Leistung
- Gesundheitszustand
- Fütterungszustand

So wie bei uns gibt es auch unter den Pferden diejenigen, die „leichtfuttrig" sind und solche, die „schwerfuttrig" sind. Leichtfuttrige Pferde sind immer eher zu dick, nehmen schnell zu und haben einen gesunden Appetit. Schwerfuttrige Pferde sind eher zu dünn, fressen schlecht oder sind sehr wählerisch. Ist das Pferd gut im Futter, kannst du die Rippen zwar fühlen, aber nicht sehen. Das ist ein einfacher, aber guter Test, den du leicht durchführen kannst.

Erfahrene Pferdeleute wissen schnell, was ein Pferd braucht. Sie sehen das Pferd an und füttern es entsprechend. Verlasse dich deshalb bei der Fütterung immer auf die Erfahrung des Stallbetreibers oder deines Ausbilders.

Doch neben der Berechnung der Ration gibt es noch ein paar weitere Punkte, die zu beachten sind. Das sind vor allen Dingen allgemeine Regeln zur **Sauberkeit** und **Hygiene** und zum Ablauf des Fütterns. Diese kannst du auch schon umsetzen, wenn du noch nicht selbst fütterst:

- Pferde brauchen feste Zeiten. Ihre Verdauung stellt sich darauf ein. Deshalb wird immer zur gleichen Zeit gefüttert, auch sonntags und an Feiertagen.

Auf den Punkt gebracht: Pferdefütterung

- **Raufutter** ist das Grundfutter aller Pferde. Gutes Heu hält die Verdauung in Gang und das Pferd gesund.
- **Kraftfutter** wird immer nach individuellem Bedarf gefüttert. Die Menge richtet sich zum Beispiel nach der Leistung, dem Alter und dem Futterzustand des Pferdes.
- **Mineralien** und **Vitamine** werden nach Bedarf ergänzend gefüttert.
- **Saftfutter** ergänzt die Ration und kann den Appetit anregen.

- Pferde brauchen Ruhe - zum Fressen und zum Verdauen. Gönne deinem Pferd nach dem Kraftfutter mindestens eine Stunde Pause.
- Pferde brauchen kleine Mengen. Deshalb ist es besser, mehrmals täglich zu füttern. Vor dem Kraftfutter wird das Raufutter gegeben, dann kommt die Verdauung schon einmal in Schwung.
- Pferde brauchen keine Abwechslung. Anders als du fressen sie gern jeden Tag das gleiche. Daran ist ihr Körper gewöhnt. Futterwechsel müssen langsam und schrittweise erfolgen, um ihre Verdauung nicht zu irritieren.
- Pferde brauchen Sauberkeit. Den Trog und die Tränke kannst du regelmäßig reinigen. Schimmeliges, schmutziges oder staubiges Futter hat im Trog nichts verloren. Davon können Pferde sehr krank werden.

Manchmal darf's auch etwas mehr sein - weitere Futtermittel

Neben Heu, Hafer und Pellets gibt es noch eine ganze Menge an weiteren Futtermitteln, die in besonderen Fällen gut zum Einsatz kommen können.

Mash besteht meistens aus Weizenkleie und Leinsamen. Es wird mit heißem Wasser angerührt und dann warm gefüttert. Mash schmeckt den meisten Pferden sehr gut und ist leicht verdaulich. Außerdem können Medikamente besonders gut in Mash versteckt werden. Hier ein einfaches Mash-Rezept:

- 500 g Weizenkleie
- 100 g Leinsamen
- 3 bis 4 l kochendes Wasser

Alles zu einem flüssigen Brei verrühren und abkühlen lassen (handwarm verfüttern).

Rübenschnitzel sind getrocknete und gehackte Zuckerrüben. Sie schmecken süß und sind bei Pferden heißbegehrt. Auch sehr wählerische Pferde fressen meistens gern Rübenschnitzel. Sie quellen allerdings im Wasser stark auf und müssen daher unbedingt vor dem Füttern eingeweicht werden. Nimm für eine Tasse trockene Schnitzel vier Tassen Wasser und lasse alles mindestens eine Stunde quellen.

Leinsamen sind wertvoll, weil sie viele gesunde Öle enthalten. Das kann zum Beispiel für mehr Glanz im Fell sorgen. Auch an Pferde, die zu Koliken neigen, werden gern Leinsamen verfüttert. Ihre Schleimstoffe legen sich wie ein Schutzfilm über die Magen- und Darmschleimhaut. Größere Mengen müssen circa 10 Minuten gekocht werden, weil Leinsamen Blausäure enthalten.

Pflanzenöl wird oft über das Kraftfutter gegeben. Es bindet Staub und wirkt sich positiv auf Fell und Verdauung aus. Allerdings hat Öl dreimal so viel Energie wie Hafer - sei also vorsichtig, wenn dein Pferd schon ein bisschen dick ist.

Das Schmerzgesicht zeigt, dass es dem Pferd nicht gut geht.

5.3 Pferdekrankheiten: Von Kopf bis Huf gesund

Die richtige Haltung, Pflege und Fütterung ist für die Gesundheit deines Pferdes ganz wichtig. Doch woher weißt du, ob dein Pferd gesund ist? Gerade zu Beginn des Reiten-Lernens ist es nicht immer ganz einfach zu erkennen, wie es dem Pferd wirklich geht. Mit der Zeit bekommst du aber auch dafür einen Blick und merkst schnell, ob etwas nicht stimmt.

Wenn du an dein Pferd herantrittst und es ansprichst, sollte es den Kopf heben und dich aufmerksam und interessiert ansehen. Pferde sind von Natur aus neugierig und aufgeschlossen. Reagiert es gar nicht auf dich, ist das kein gutes Zeichen.

Jedes Mal, wenn du die Box betrittst, kontrollierst du **Trog** und **Tränke**. Hat dein Pferd das Kraftfutter aufgefressen und ist die Tränke sauber und funktionstüchtig? Dann ist hier erst einmal alles gut. Wenn dein Pferd nicht gefressen hat, ist das meistens ein Alarmsignal.

Wenn du deinem Pferd das Halfter anlegst, schau dir seinen **Kopf** genau an. Ein gesundes Pferd hat klare, glänzende Augen und trockene Nüstern. Nasen- oder Augenausfluss solltest du gut beobachten oder gleich deinem Ausbilder melden. Wichtig ist auch der **Gesichtsausdruck**: Dein Pferd sollte freundlich und entspannt aussehen, mit gespitzten Ohren und offenen Augen.

Pferde haben ein sogenanntes „Schmerzgesicht“: Hat es Schmerzen, trägt es die Ohren angelegt, die Augen sind teilweise oder ganz geschlossen, durch angespannte Muskeln treten die Knochen am Kopf stärker hervor, die Kaumuskeln sind deutlich erkennbar, das Pferd presst die Lippen zusammen und auch die Nüstern wirken durch die Anspannung größer.

Das ist für dich immer ein Alarmsignal. Pferde haben keine schlechte Laune wie wir Menschen manchmal.

Wenn der Gesichtsausdruck deines Pferdes anders ist als sonst, kann das ein Zeichen dafür sein, dass etwas nicht stimmt. Frag darum lieber gleich deinen Ausbilder oder eine andere erfahrene Person.

Auch das **Fell** sagt viel über den Zustand deines Pferdes aus. Bei einem gesunden Pferd ist das Fell glatt und glänzend. Struppiges Fell, Scheuerstellen oder kahle Stellen können Krankheitsanzeichen oder Hinweise auf nicht passende Ausrüstung sein. Beim Putzen ist es am besten, ohne Handschuhe zu arbeiten. So fühlst du, ob es irgendwo am Körper deines Pferdes warme oder empfindliche Stellen, Knubbel oder Unebenheiten gibt. Besonders an den Beinen ist **Wärme, Druckempfindlichkeit** oder **Schwellung** meistens kein gutes Zeichen. Wenn du dir unsicher bist, frage deinen Ausbilder um Rat. Es ist immer besser, einmal zu oft den Tierarzt zu rufen als eine ernsthafte Erkrankung langwierig zu behandeln.

Hast du den Eindruck, dass mit deinem Pferd irgendetwas nicht stimmt, überprüfe als erstes die **PAT-Werte** (**P**uls, **A**tmung, **T**emperatur). Sie geben wertvolle Anhaltspunkte für die Gesundheit.

Der **Ruhepuls** des Pferdes liegt bei **28 bis 40 Schlägen pro Minute.** Das Messen des Pulses erfordert etwas Übung. Am besten machst du das einfach mal beim Putzen, dann kannst du für den Ernstfall üben. Stelle dich neben dein Pferd und lege Zeige- und Mittelfinger der rechten Hand an die Innenseite der linken Ganasche. Mittig und innen am Unterkiefer kann man eine bleistiftähnliche Arterie ertasten und für 15 Sekunden den Puls fühlen. Die Zeit kannst du zum Beispiel mit deinem Handy stoppen. Dann nimmst du diesen Wert mal vier und schon hast du den Ruhepuls deines Pferdes ermittelt.

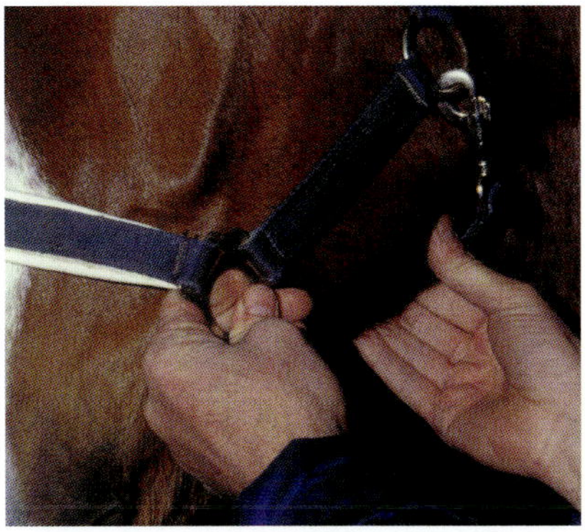

Am Unterkiefer lässt sich der Puls fühlen.

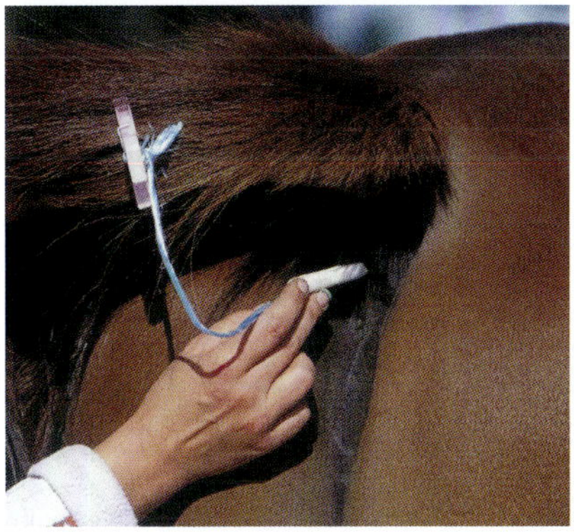

Mit einer Wäscheklammer in den Schweifhaaren kann das Fieberthermometer gesichert werden.

Am Kopf kannst du auch ganz leicht die **Atmung** erkennen. Ein gesundes Pferd macht **8 bis 16 Atemzüge** pro Minute. Da Pferde nur durch die Nase und nicht durch das Maul atmen können, brauchst du nur die Atemzüge an den Nüstern zu zählen.

Auf den Punkt gebracht: PAT-Werte

Werte	Ruhezustand
➤ **Puls**	
Pferd	28-40/Min.
Fohlen	ca. 80/Min.
➤ **Atmung**	
Pferd	8-16/Min.
Fohlen	24-30/Min.
➤ **Temperatur**	
Pferd	37,5-38,0 °C
Fohlen	37,5-38,5 °C

Die **Temperatur** des gesunden Pferdes liegt bei **37,5 bis 38,0 Grad Celsius.** Zum Messen benutzt du am besten ein digitales Fieberthermometer. An das Ende gibst du etwas Melkfett oder Vaseline und führst es vorsichtig in den After. Stelle dich dabei unbedingt seitlich neben das Pferd, damit du nicht getreten werden kannst. Halte das Thermometer gut fest, damit es nicht herunterfällt und zerbricht.

Zum Glück sind Pferde ziemlich robuste Tiere. Trotzdem können sie auch mal krank werden. Wenn du früh genug erkennst, dass es deinem Pferd nicht gut geht, kann der Tierarzt meistens schnell helfen. Zögere deshalb nicht, deinem Ausbilder oder einer anderen erfahrenen Person Bescheid zu sagen, wenn dir etwas auffällig erscheint. Die häufigsten Pferdekrankheiten sind im Folgenden kurz erklärt und beschrieben.

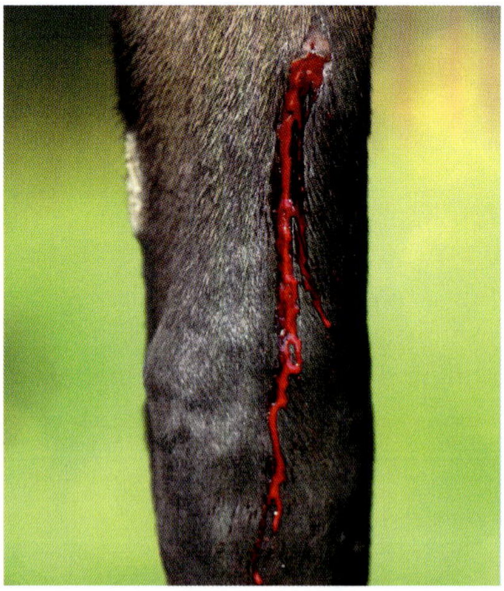

Oberflächliche Wunden kommen häufig vor.

Wunden

Verletzungen der Haut kommen bei Pferden sehr häufig vor. Manchmal beißen sie sich beim Spielen auf der Weide, manchmal stoßen sie sich in ihrer Box oder verletzen sich beim Verladen – Möglichkeiten gibt es viele. Je nachdem, wie die Verletzung entstanden ist, sprechen wir von Bisswunden, Schürfwunden oder Schnittwunden. Wichtig ist, die Wunde immer gut anzuschauen. Bei harmlosen, oberflächlichen Wunden, die wenig bluten, reicht Reinigen und **Desinfizieren** oft schon aus. Dazu nimmst du entweder eine Jodlösung aus der Apotheke oder ein Desinfektionsspray für Pferde. Tiefe, größere oder stark blutende Wunden sind dagegen ein Fall für den Tierarzt. Genauso ist es bei Wunden in der Nähe von Gelenken, Sehnen oder den Augen – sie sind ebenfalls eine Sache für den Tierarzt. Er entscheidet zum Beispiel, ob die Wunde genäht werden muss. Bis der Tierarzt kommt, solltest du die Wunde in Ruhe lassen. Die Blutung reinigt die Wunde auch. Wenn du zu früh Desinfektionsspray aufsprühst, kann der Tierarzt die Wunde vielleicht nicht mehr nähen.

Beschreibung	Verletzung der Haut durch äußere Einflüsse (quetschen, stechen, schneiden, verbrennen etc.)
Anzeichen	• Abschürfung • Blutung • Schmerz • Lahmheit
Behandlung	Je nach Größe, Tiefe und Lage der Wunde wird sie durch den Tierarzt gereinigt, desinfiziert und abgedeckt.
Vorbeugung	Verletzungsrisiko im Stall und auf der Weide minimieren (siehe Seiten 32 bis 35).

Einschuss (Phlegmone)

Vielleicht hatte auch dein Pferd schon einmal ein „dickes Bein". Das sagt man so, meint aber eigentlich einen Einschuss oder auch Phlegmone. Durch eine kleine Wunde in der Haut dringen Bakterien ein und sorgen für eine eitrige Entzündung. Das **Bein schwillt stark an**, ist warm und meistens sehr empfindlich. Vielleicht hat dein Pferd Fieber oder lahmt. Am besten rufst du gleich den Tierarzt. Er wird deinem Pferd Medikamente gegen die Entzündung geben und dir sagen, was du noch machen kannst, um deinem Pferd zu helfen.

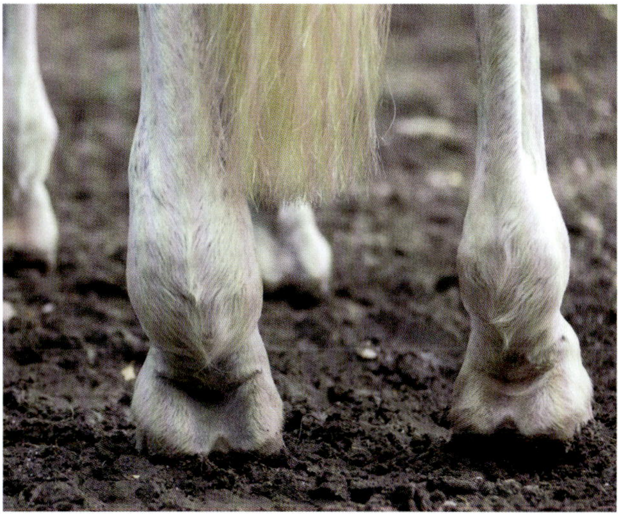

Hinter einem „dicken Bein" steckt meist ein Einschuss.

Beschreibung	eitrige Infektion der Unterhaut durch Bakterien
Anzeichen	• Schwellung • Wärme • Druckempfindlichkeit • evtl. Fieber oder Lahmheit
Behandlung	• Tierarzt rufen • Bein kühlen • leichte Bewegung
Vorbeugung	Auch kleine Wunden müssen gut versorgt werden. Ein Einschuss kann auch bei Strahlfäule oder Mauke entstehen.

Pilz

Weitere, leider sehr häufige Erkrankungen der Haut sind Pilzerkrankungen. Dein Pferd hat zum Beispiel runde, **kahle Stellen** im Fell oder viele kleine **Knötchen** oder **Knubbel**. Meistens beginnt die Pilzerkrankung in der Sattellage oder am Kopf. Der Tierarzt wird dir eine Lotion zum Einreiben geben oder deinem Pferd ein Medikament spritzen. Er kann das Pferd auch gegen Pilzerkrankungen impfen. Pilz ist **hochansteckend**. Wenn sich viele Pferde zum Beispiel das Putzzeug teilen, wird der Pilz damit immer weiter verbreitet. Daher ist gute Hygiene wichtig: Halfter, Sattel, Satteldecke, Trense und Decken eines an Pilz erkrankten Pferden müssen immer gut **desinfiziert** werden und dürfen nicht mit gesunden Pferden in Berührung kommen. Und Vorsicht: Pilzerkrankungen des Pferdes sind auch auf den Menschen übertragbar!

Beschreibung	Erkrankung der Haut durch Pilze
Anzeichen	• kahle Stellen • Knötchen • Bläschen • abgebrochene Haare
Behandlung	• Tierarzt rufen • Haut einreiben • Impfen
Vorbeugung	gute Hygiene im Stall, Sattel- und Putzzeug nur für ein Pferd verwenden, Stiefel und Handschuhe reinigen

Strahlfäule

Wenn dir beim Auskratzen der Hufe ein fauliger, übler Geruch auffällt, hat dein Pferd wahrscheinlich Strahlfäule. Das kommt oft bei Pferden vor, die viel in nassem Stroh und Mist stehen. Denn im Mist leben **Bakterien**, die sich in das weiche Horn des Strahls fressen und diesen zersetzen. Dann kann der Strahl nicht mehr wie ein Stoßdämpfer funktionieren. Schlimmstenfalls lahmt dein Pferd sogar, aber soweit solltest du es erst gar nicht kommen lassen. Der **Schmied** wird das faule Horn entfernen. Er empfiehlt dir auch, wie du den Strahl weiter behandeln kannst. Meistens nimmt man spezielle Mittel zum **Desinfizieren**. Wichtig ist aber auch, dass du eine neue Infektion verhinderst. Dein Pferd braucht eine trockene Box mit sauberer Einstreu, viel Bewegung auf unterschiedlichen Böden und regelmäßige Hufpflege.

Beschreibung	Fäulnis in der Strahlfurche durch Bakterien
Anzeichen	• aufgeweichtes Strahlhorn • lose Fetzen und Taschen am Strahl • übler Geruch • Schmerzen beim Auskratzen
Behandlung	• Entfernung des faulen Horns durch den Schmied • Desinfektion
Vorbeugung	gute Hygiene im Stall und sorgfältige, regelmäßige Pflege des Hufes

Mauke

Bei der Mauke hat dein Pferd in der Fesselbeuge einen Hautausschlag. Entweder ist der Ausschlag **trocken** mit borkigen Krusten (trockene Mauke) oder er ist feucht und **nässend** (nässende Mauke). Mauke zählt zu den Ekzemen und kann sehr unterschiedliche Ursachen haben. Viele Pferde bekommen im Herbst oder Winter Mauke, wenn sie oft auf nassen Weiden oder matschigen Ausläufen stehen. Aber auch im Stall droht Mauke, etwa wenn die Haut durch Pflanzenschutzmittel im Stroh gereizt wird. Mauke ist oft hartnäckig und heilt nur langsam ab. Am besten beugst du vor, indem du nach dem Reiten die Fesselbeugen deines Pferdes gut reinigst und abtrocknest. Fällt dir dabei eine kleine Verkrustung auf, kannst du gleich nach einem entsprechenden Medikament fragen. Dann kann sich die Mauke gar nicht erst weiter ausbreiten.

Beschreibung	Ausschlag an den Fesselbeugen
Anzeichen	• borkige Krusten • nässende Stellen
Behandlung	• Tierarzt rufen • pflegen/behandeln mit Medikamenten
Vorbeugung	Die Fesselbeugen solltest du nach dem Reiten reinigen und trocknen. Auch auf trockene Ausläufe und Boxen ist zu achten.

Kolik

Die Kolik ist das Schreckgespenst unter den Pferdekrankheiten. Denn viele Koliken nehmen einen schlimmen Verlauf, wenn sie nicht rechtzeitig behandelt werden. Unter dem Begriff Kolik werden verschiedene **Erkrankungen des Verdauungsapparats** zusammengefasst. Es gibt zum Beispiel die Verstopfungskolik, die Gaskolik, die Sandkolik oder die Krampfkolik. Ebenso vielfältig wie die Arten der Koliken sind die Ursachen: Stress, Bewegungsmangel, falsches Futter oder Würmer. Zu Beginn ist dein Pferd meistens ruhig, steht oder liegt, frisst nicht und re-

Umschauen zum Bauch ist ein häufiges Kolik-Anzeichen.

agiert kaum auf dich (Apathie). Dann dreht es sich zum Bauch um, tritt gegen seinen Bauch, wird zunehmend unruhig, wälzt sich oder läuft umher. Manche Pferde schwitzen, scharren in ihrer Box oder flehmen. Wenn die Schmerzen immer stärker werden, werfen sich die Pferde rücksichtslos hin, wälzen sich heftig und legen sich dabei oft in der Box fest, das heißt, sie verkeilen sich mit ihren Beinen so an der Boxenwand, dass sie nicht mehr allein aufstehen können.

Schon bei den ersten Anzeichen einer Kolik solltest du den Tierarzt rufen. Je früher die Kolik erkannt und behandelt wird, desto besser ist die Aussicht auf Heilung. Bis der Tierarzt eintrifft, kannst du dein Pferd Schritt führen. Manchmal ist es besser, die Pferde zum Beispiel auf einen Sandpaddock zu bringen, denn dort können sie sich gefahrlos wälzen. Einem Pferd, das unter starken Schmerzen leidet, solltest du dich niemals allein nähern. Das Pferd achtet dann nicht mehr auf dich und könnte dich schwer verletzen. Wenn dein Pferd zu Koliken neigt, musst du zudem die **Fütterung** deines Pferdes überprüfen. Stelle sicher, dass es viel Raufutter bekommt und gib ihm eventuell Leinsamen, Mash oder Flohsamen für den Darm. Selbstverständlich darf dein Pferd niemals schimmeliges, schmutziges oder giftiges Futter fressen. Viele kleine Portionen sind besser verdaulich. Vor Koliken schützen darüber hinaus auch viel Bewegung, sauberes Wasser und regelmäßiges Entwurmen.

Beschreibung	Sammelbegriff für Erkrankungen des Magen-Darm-Trakts
Anzeichen	• ruhiges Liegen • Fressunlust • heftiges Wälzen
Behandlung	• Tierarzt rufen • evtl. Führen im Schritt • kontrolliert Wälzen-Lassen
Vorbeugung	Die Haltung und Fütterung optimieren, vor allem für viel Bewegung, viel Raufutter und regelmäßige Entwurmung sorgen.

Der Tierarzt kann die Lahmheit am besten im Trab erkennen.

Lahmheiten

Wenn dein Pferd ein Bein nur noch ungern oder gar nicht aufsetzen will, dann humpelt es. Beim Pferd sagt man: „Das Pferd ist lahm." Die Lahmheit kann unzählige **verschiedene Gründe** haben – von einem spitzen Stein in der Strahlfurche über ein Hufgeschwür bis hin zu Verletzungen oder Entzündungen der Sehnen, Gelenke oder Knochen. Ganz wichtig: Ein lahmendes Pferd braucht **Schonung** und Hilfe durch den Tierarzt! Du kannst die Beine deines Pferdes aber auch schon selbst kontrollieren, bevor der Tierarzt kommt. Dazu untersuchst du jedes Bein mit deinen Augen und Händen. Sind äußere Verletzungen oder Schwellungen erkennbar? Fühlst du Wärme, Pulsation oder reagiert dein Pferd auf Berührung mit Schmerz? Dann hast du schon einmal einen ersten Anhaltspunkt, woher die Lahmheit kommen könnte. Der Tierarzt wird sich dein Pferd im Stand und in der Bewegung ansehen. Dafür führst du ihm dein Pferd im Schritt und Trab auf hartem Boden vor. Danach entscheidet der Tierarzt, wie weiter vorgegangen wird. So umfangreich wie die Ursachen sind auch die Möglichkeiten zur Behandlung von Lahmheiten.

Anzeichen	• unregelmäßige Bewegungen • Schonung eines Beines • Wärme • Schwellung • Druckempfindlichkeit
Behandlung	• Ruhe • Tierarzt rufen
Vorbeugung	abwechslungsreiches Training, sorgfältiges Aufwärmen, gute Bodenverhältnisse

Husten beim Pferd ist immer eine ernste Sache!

Husten

Auch Husten kann beim Pferd viele unterschiedliche Ursachen haben, aber du musst den Husten deines Pferdes immer ernst nehmen. Die Atemwege deines Pferdes sind sehr empfindlich, vor allem Staub und schlechte Luft im Stall reizen sie. Durch Viren oder Bakterien kommt es dann leicht zu einer Entzündung der Bronchien (Bronchitis). Dein Pferd ist schlapp, hat Fieber, Nasenausfluss und Husten. Bei einer **akuten Bronchitis** braucht es unbedingt Ruhe und Betreuung durch den Tierarzt. Er wird Medikamente verordnen, die entzündungshemmend und schleimlösend sind, oft auch ein Antibiotikum. Gib deinem Pferd ausreichend Zeit, wieder gesund zu werden. Es braucht mehrere Wochen Ruhe und nur leichte Bewegung, sobald das Fieber abgeklungen ist. Ansonsten kann aus einer akuten Bronchitis leicht eine chronische werden. Pferde mit einer **chronischen Bronchitis** haben zwar kein Fieber mehr und sind auch ansonsten auf den ersten Blick fit, aber der trockene Husten quält sie oft sehr und schränkt ihre Bewegungsfreude stark ein.

➤ Übrigens: Auch eine Allergie gegen Staub aus Stroh und Heu entwickelt sich oft aus einer nicht richtig ausgeheilten akuten Atemwegserkrankung. Lasse es nicht so weit kommen!

Anzeichen	• akut oft mit Fieber, Nasenausfluss, Apathie und schleimigem Husten • chronisch mit trockenem Husten
Behandlung	• erfolgt immer durch den Tierarzt • Ruhe • Schonung • leichte Bewegung
Vorbeugung	Sorge für gute Luft und wenig Staub im Stall, stärke die Atemwege durch Reiten an der frischen Luft und abwechslungsreiches Training.

Schlundverstopfung

Bei der Schlundverstopfung bleiben Fremdkörper oder unzerkaute Futtermittel in der **Speiseröhre** stecken und verstopfen sie. Deinem Pferd fließen Speichel und Futterreste aus beiden Nüstern. Hindere dein Pferd am Weiterfressen, damit nicht noch mehr Futter in die Speiseröhre kommt. Wenn dein Pferd Futterreste einatmet, droht eine Lungenentzündung. Rufe deshalb sofort den Tierarzt. Nicht gequollene Rübenschnitzel oder zu hastig gefressenes Kraftfutter sind die häufigste Ursache für eine Schlundverstopfung. Achte also unbedingt darauf, dass Futtermittel nicht offen herumstehen und dein Pferd immer genügend **Ruhe** und **Zeit** zum Fressen hat. Gib deinem Pferd keine Äpfel oder Möhren, wenn es gerade Stress hat, zum Beispiel beim Verladen. Dann konzentriert es sich nicht auf das Kauen und schluckt vielleicht zu große Bissen herunter.

Anzeichen	• Futter und Speichel fließt aus den Nüstern • Atemnot, röchelnde Atemgeräusche
Behandlung	• erfolgt immer durch den Tierarzt
Vorbeugung	Ruhe und Zeit beim Fressen, Futtermittel in dicht schließenden Behältern oder geschlossenen Räumen aufbewahren

Auf den Punkt gebracht: Die Stallapotheke

Damit in einem Notfall die wichtigsten Dinge schnell zur Hand sind, braucht jeder Stall eine ordentliche Stallapotheke. Diese muss regelmäßig aufgefüllt und kontrolliert werden. Eine Stallapotheke ist kein Sammelplatz für angebrochene Salbentuben und Medikamente! Wenn du lange suchen musst, bis du findest, was du brauchst, gehen vielleicht wertvolle Minuten verloren. Folgende Dinge gehören in eine Stallapotheke:

- Fieberthermometer
- Einmalhandschuhe
- Schere, Pinzette, Zeckenzange, Edding
- Hufzange, Hufraspel
- Klebeband
- mehrere saubere Handtücher
- Wundkompressen, Mullbinden, elastische Binden, Stallbandagen
- Polstermaterial, Bandagierunterlagen
- Desinfektionsmittel (z.B. Jod)
- Wundsalbe (z.B. Zinksalbe)
- Kühlelemente
- Liste mit Telefonnummern aller Pferdebesitzer, Tierärzte, Tierkliniken, Schmiede

Der Equidenpass gehört laut EU-Recht immer zum Pferd und nicht zum Besitzer. Das heißt, dass der Pass am Stall sein sollte und zwar so, dass er für den Tierarzt im Notfall zugänglich ist – auch wenn du nicht dabei bist. Es macht also wenig Sinn, den Pass in deinem verschlossenen Schrank aufzubewahren. Besprich am besten mit dem Stallbetreiber, wie er das handhabt.

Gesundheitsvorsorge: Vorbeugung ist die beste Medizin

Neben der pferdegerechten Haltung und Fütterung und der guten Pflege gibt es einige vorbeugende Maßnahmen zur Gesunderhaltung, die du kennen solltest. Denn sie tragen dazu bei, dass jedes einzelne Pferd gesund bleibt und Krankheiten eingedämmt werden, wenn sie regelmäßig und richtig durchgeführt werden.

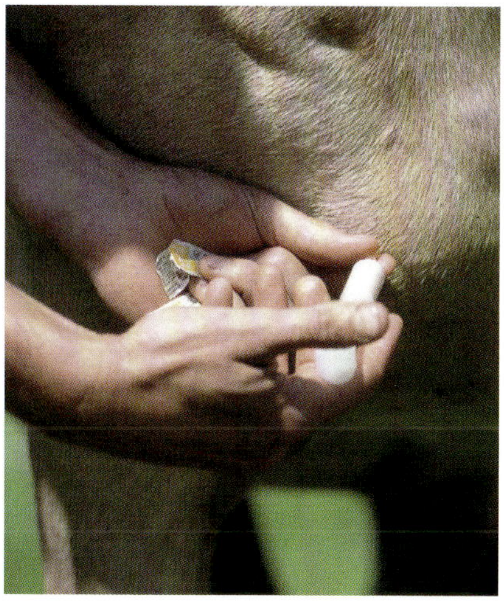

Kleiner Pieks, große Wirkung

Impfung: wichtig und richtig

Zu den vorbeugenden Maßnahmen gehören vor allem die Impfungen. Die sorgen dafür, dass dein Pferd Antikörper bildet und damit bestimmte Krankheitserreger abwehren kann. Jedes Pferd muss gegen **Tetanus** geimpft werden. Dies gilt als „moralische Pflicht", denn die Tetanuserreger lauern überall und können auch durch eine kleine Wunde in die Haut eindringen. Im Vergleich zu anderen Tieren sind Pferde besonders empfindlich. Im Körper des Pferdes führen die Bakterien zum Wundstarrkrampf, der in der Regel tödlich endet. Der Tetanusschutz muss nach der **Grundimmunisierung** alle zwei Jahre aufgefrischt werden. Auch Menschen können an Wundstarrkrampf erkranken, deshalb musst auch du deinen eigenen Tetanusschutz immer im Blick haben!

Jedes Pferd sollte gegen **Influenza** geimpft werden. Denn die sogenannte Pferdegrippe ist eine sehr ansteckende Virusinfektion. Dein Pferd ist geschwächt, hat Fieber und Husten und vielleicht auch Nasenausfluss. Für Pferde, die an Veranstaltungen teilnehmen, ist die Influenzaimpfung sogar Pflicht. Dort kommen immer viele Pferde zusammen, und wenn eines davon an Influenza erkrankt wäre, würde sich die Krankheit gleich sehr schnell ausbreiten. Gegen Influenza wird nach der Grundimmunisierung üblicherweise alle 6 Monate geimpft, meistens im Frühjahr und im Herbst.

Eine Impfung gegen **Herpes** (EHV - Equines Herpesvirus) ist ebenfalls zu empfehlen. Ähnlich wie bei der Influenza-Erkrankung ist Herpes sehr ansteckend und kann sich schnell im ganzen Stall ausbreiten. Herpesviren können beim Pferd zu schweren Erkrankungen führen. Je nach Typ des Virus verlieren tragende Stuten ihre Fohlen, die Pferde bekommen Fieber, Husten und Nasenausfluss oder Lähmungserscheinungen. Manchmal sterben Pferde an einer Herpesinfektion. Die Schutzimpfung verhindert zwar nicht, dass dein Pferd sich ansteckt, sie sorgt allerdings für einen leichteren Verlauf der Krankheit. Gegen Herpes wird dein Pferd nach der Grundimmunisierung ebenfalls alle 6 Monate geimpft, meistens in Kombination mit der Influenza-Impfung.

Parasiten bekämpfen: Kleine Würmer – große Gefahr

Jedes Pferd hat Parasiten im Körper, vor allem verschiedene Würmer und Fliegenlarven tummeln sich dort. Das ist auch erst dann schlimm, wenn es zu viele werden. Dann können die Parasiten dein Pferd sehr krank machen: Allgemeine Schwäche, Durchfall und

Kolik drohen bei starkem Wurmbefall. Zur Vorbeugung bekommt dein Pferd **Wurmkuren.** Das sind meistens Pasten, die dem Pferd ins Maul gegeben werden. Am besten wird der gesamte Bestand (also alle Pferde im Stall) gemeinsam entwurmt, damit sie sich nicht gegenseitig immer wieder neu anstecken. Das nennt man **Strategische Entwurmung.** Dabei hat sich bisher folgendes Schema mit einer viermal jährlichen Wurmkur bewährt:

Zeitraum	Wurmkur gegen	Wirkstoff
April/Mai	Rundwürmer (Kleine und Große Strongyliden, Spulwürmer, Zwergfadenwürmer)	Ivermectin, Pyrantel
Juni/Juli/ August	Rundwürmer	Ivermectin, Moxidectin, Pyrantel, Benzimidazol*
September/ Oktober	Rund- und Bandwürmer	Ivermectin, Praziquantel
November	Rund- und Bandwürmer, Magendasseln	Ivermectin, Praziquantel, Moxidectin

Im Winter wird dabei eine spezielle Paste gegen die Larven der **Magendassel** gegeben. Das sind Fliegen, die ihre Eier an den Körper der Pferde kleben. Manchmal siehst du im Sommer kleine gelbe Punkte, zum Beispiel an den Beinen der Pferde. Aus den Eiern schlüpfen Larven, die in den Magen der Pferde wandern. Dort angekommen, richten sie großen Schaden an, wie beispielsweise Magengeschwüre, Schleimhautentzündungen oder Magenblutungen. Im Winter halten sich die meisten Larven im Magen des Pferdes auf, deshalb ist es so wichtig, in dieser Zeit die richtige Wurmkur zu geben.

Inzwischen gibt es bei einigen Parasiten sogenannte Resistenzen gegen Wurmmittel. Das bedeutet, dass die Wurmmittel nicht mehr wirksam sind. Es gibt daher die Möglichkeit, den Kot des Pferdes untersuchen zu lassen. Nur wenn Würmer vorhanden sind, wird eine Wurmpaste verabreicht. Das nennt man **Selektive Entwurmung.**

Neben den Wurmkuren ist gute **Hygiene** im Stall und auf der Weide notwendig, um die Pferde zu schützen. Die allermeisten Parasiten sind in den Pferdeäpfeln zu finden. Weiden und Ausläufe sollten regelmäßig „abgeäp-

Auf den Punkt gebracht: Hygienemaßnahmen

➤ **Auf der Weide**
- regelmäßiges Abäppeln (alle 2 bis 3 Tage)
- kleine Pferdegruppen (ideal: 2 Pferde pro Hektar)
- Weiden regelmäßig wechseln (Umtriebsweiden)
- Wechselbeweidung mit Rindern
- regelmäßiges Abmähen
- Düngen mit Kalkstickstoff im Frühjahr

➤ **Im Stall**
- kontinuierliches Ausmisten
- sorgfältige Pflege der Einstreu
- gründliches Desinfizieren des gesamten Stalls, am besten zweimal im Jahr

pelt" werden, das heißt, die Pferdeäpfel werden abgesammelt. Im Stall ist regelmäßiges **Misten** die beste Vorsorge. Hin und wieder - idealerweise zweimal im Jahr - sollte der gesamte Stall gründlich gereinigt und desinfiziert werden.

Neben den Impfungen und den Wurmkuren gehören auch die **Hufpflege** und die **Zahnpflege** zu den Maßnahmen, die regelmäßig durchgeführt werden und die Gesundheit deines Pferdes erhalten (Präventionsmaßnahmen).

Hufpflege: für ein gesundes Fundament

Die **Hufe** tragen dein Pferd. Deshalb ist es so wichtig, dass du die Hufe deines Pferdes immer gut pflegst. Hufe wachsen ein Leben lang. In der Natur nutzt sich das Horn durch stundenlanges Wandern auf unterschiedlichen Böden gleichmäßig ab, sodass die Hufe immer die richtige Länge haben. Bei Pferden im Stall übernimmt diese Arbeit der Hufschmied. Er kürzt etwa alle 6 Wochen das Horn. Dies nennt man **„Ausschneiden".**

Viele Pferde tragen Hufeisen, denn damit kann die Hufform korrigiert werden und die Pferde können auch gut auf Asphalt oder Schotter gehen. Dieser **Beschlag** wird etwa alle 6 Wochen erneuert.

Durch gute Pflege kannst du die Hufe gesund halten. Das beginnt mit dem **Auskratzen** vor und nach dem Reiten. Dabei entfernst du Schmutz und vielleicht auch Steinchen oder andere Fremdkörper, und zwar vom Hufballen aus in Richtung Hufzehe. Mit Wasser kannst du den Huf von außen reinigen. Hufe können Wasser speichern und erhalten sich auf diese Weise ihre Elastizität. Um die Feuchtigkeit zu konservieren, kann danach auf den feuchten Huf spezielles Öl oder Fett aufgetragen werden. Besonders gut fettest du den Kronrand ein, denn dort wird das neue Horn gebildet.

Hufe brauchen sorgfältige Pflege.

Zahnpflege: Feile statt Zahnbürste

Auch die Zähne deines Pferdes wachsen ein Leben lang nach und müssen deshalb gut abgenutzt werden. Bekommt dein Pferd nicht genug Raufutter, das es lange kauen muss, kann es zu **Fehlstellungen** oder scharfen Kanten an den Backenzähnen kommen. Diese scharfen **Kanten** können die Zunge oder die Backenschleimhaut verletzen und sind für das Pferd sehr schmerzhaft. Der Tierarzt schleift die Kanten ab und korrigiert das Gebiss. Eine Kontrolle der Zähne solltest du bei deinem Pferd **ein- bis zweimal pro Jahr** durchführen lassen.

Eine zweckmäßige und sichere Ausrüstung ist für alle Reiter wichtig.

6 Ausrüstung von Reiter und Pferd: Gut gerüstet für den Ritt

6.1 Die Ausrüstung des Reiters

Um gut und vor allem sicher reiten zu lernen, braucht es am Anfang nicht viel. Einen Reithelm, eine enganliegende Hose und geeignete Schuhe reichen aus.

Reithelm

Wer schwimmen lernt, der schluckt auch mal Wasser. Wer reiten lernt, der fällt auch mal vom Pferd. Das gehört dazu und ist auch meistens gar nicht schlimm. Ein Reithelm schützt deinen Kopf und ist deshalb der wichtigste Teil der Reitausrüstung. Ob dein Helm gut sitzt, kannst du ganz einfach überprüfen: Setze den Helm auf, ohne die Riemen am Kinn zu schließen. Schüttle jetzt kräftig den Kopf und beuge dich zu deinen Füßen herunter. Der Helm bleibt ohne zu Verrutschen auf deinem Kopf? Super, dann passt er gut. Schließe jetzt den Kinnriemen. Er sollte so eng anliegen, dass nur zwei Fingern darunter durchpassen. Sonst kann der Helm bei einem Sturz verrutschen und schützt dich dann nicht mehr. Lasse dich beim Kauf am besten von einem Fachgeschäft beraten und achte auf die gültige europäische Norm („EN 1384“).

So sitzt der Helm von vorn und von der Seite richtig.

➤ **Safety first:** Ein Fahrradhelm ist zum Reiten ungeeignet. Erstens, weil er für einen Sturz vom Fahrrad entwickelt wurde. Von einem Pferd fällst du aber ganz anders, vor allem weil sich auch das Pferd selbst bewegt. Und zweitens, weil die meisten Fahrradhelme nicht sicher genug auf dem Kopf sitzen, um auch die Bewegungen des Pferdes auszuhalten. Viele Reitschulen halten für den Anfang Leihhelme bereit, lege dir aber am besten bald einen eigenen Helm zu.

Reithose

Eine Reithose liegt eng an und wirft keine Falten. Das ist wichtig, damit an der Innenseite der Beine keine schmerzhaften Scheuerstellen entstehen. Oft haben sie einen Besatz aus Kunstleder oder Silikon, der besseren Halt im Sattel geben soll. Es gibt Reithosen mit Kniebesatz oder Gesäßbesatz oder ohne Besatz, so wie du dich am wohlsten fühlst.

Reitstiefel/Stiefeletten

Festes Schuhwerk ist beim Reiten ganz wichtig. Trage Schuhe, die über den Knöchel gehen und einen kleinen Absatz haben. Das stabilisiert den Fuß und verhindert, dass der Fuß durch den Steigbügel rutscht. Es gibt spezielle Reitstiefeletten, die du später gut mit Chaps aus Leder oder Kunstleder kombinieren kannst. Richtige Reitstiefel gibt es aus Leder oder Gummi. Sandalen, Halbschuhe und Schuhe mit Klettverschluss sind aus Sicherheitsgründen jedoch nicht geeignet.

➤ **Safety first:** Gummistiefel sind für deine ersten Reitstunden okay, solange du noch mit einem Gurt und ohne Steigbügel reitest. Da Gummistiefel aber meistens keinen Absatz haben, kannst du damit leicht durch den Bügel rutschen.

Reithandschuhe

Spätestens wenn du anfängst, mit Zügeln zu reiten, sind Handschuhe sinnvoll. Mit Handschuhen kannst du Zügel oder Führstrick einfach besser greifen und halten. Außerdem schützen Handschuhe deine Hände vor Verletzungen durch die Zügel. Reithandschuhe liegen eng an und sind aus rutschfestem Material gefertigt. Trage sie immer beim Reiten, Longieren, Führen und Verladen!

Oberbekleidung

Ziehe zum Reiten am besten eng anliegende, hüftlange Oberteile an. Dadurch kann dein Ausbilder deinen Sitz gut erkennen und du bist beweglicher auf dem Pferd als in dicken Pullis und Jacken. Im Winter kannst du das Zwiebel-Prinzip anwenden: Ziehe mehrere Schichten übereinander an und wenn dir warm wird, ziehst du einfach die oberste aus.

➤ **Safety first:** Schließe beim Reiten immer den Reißverschluss deiner Jacke. Dann kann sie nicht herumflattern und das Pferd erschrecken. Schals, Halstücher und großen Schmuck legst du besser ab. Lange Haare werden zum Zopf oder Dutt gebunden, damit du nirgends hängenbleiben kannst. Kaugummis oder Bonbons entsorgst du, bevor du aufsitzt. Und klappernden Tascheninhalt wie Kleingeld, Schlüsselbund oder Handy nimmst du besser auch nicht mit aufs Pferd.

Eine **Schutzweste** brauchst du am Anfang nicht. Sie ist erst für das Reiten über feste Hindernisse vorgeschrieben. Wenn du mit dem Springen im Gelände beginnst, lasse dich am besten im Fachgeschäft beraten. Wenn du dich damit sicherer fühlst, kannst Du die Weste aber natürlich auch immer beim Reiten tragen. Denke allerdings daran, dass sie deine Beweglichkeit auf dem Pferd einschränkt. Trage die Schutzweste immer nah am Körper, also unbedingt unter einem dicken Pulli oder einer Jacke. Mit einer gutsitzenden Schutzweste musst du eine Rolle vorwärts machen können - sonst schränkt sie dich mehr ein, als sie schützt. Weil das Material durch die Körperwärme weicher wird, ziehe deine Weste ruhig schon beim Putzen oder beim Schrittreiten an. Dann kann sie sich an deinen Körper anpassen, bevor es richtig losgeht.

Gerte

Die Gerte ist dann nützlich, wenn dein Pferd noch nicht gut auf deine vortreibenden Hilfen reagiert. **Dressurgerten** sind maximal 1,20 m lang und werden hinter dem Sattel eingesetzt. Dort fordern sie das Pferd auf, aktiver vorwärts zu gehen. **Springgerten** sind maximal 75 cm lang und haben oft eine Lasche aus Leder am Ende. Sie werden an der Schulter des Pferdes eingesetzt und wirken durch das klatschende Geräusch auffordernd wie ein Schnalzen. Übe, deine Gerte in beiden Händen zu führen und setze sie nur gezielt, nicht dauernd ein.

Sporen

Bei fortgeschrittenen Reitern verfeinern Sporen die treibenden Hilfen. Der Reiter kann dann noch feinere Impulse geben und sich fast unsichtbar mit dem Pferd verständigen. Dazu muss das Bein des Reiters aber erst ganz ruhig und sicher am Pferdebauch liegen. An einen unruhigen oder klopfenden Schenkel gehören keine Sporen. Sporen werden immer so verschnallt, dass der Dorn gerade oder nach unten zeigt (siehe Foto auf Seite 96).

6.2 Die Ausrüstung des Reitpferdes

Zur Grundausrüstung gehört erst einmal ein gutsitzendes Halfter mit einem Strick. Zum Reiten braucht dein Pferd dann noch einige weitere, im Folgenden beschriebene Ausrüstungsgegenstände. Dabei legst du meistens zuerst den Sattel auf, dann die Hilfszügel und eventuell den Beinschutz und zum Schluss trenst du dein Pferd auf.

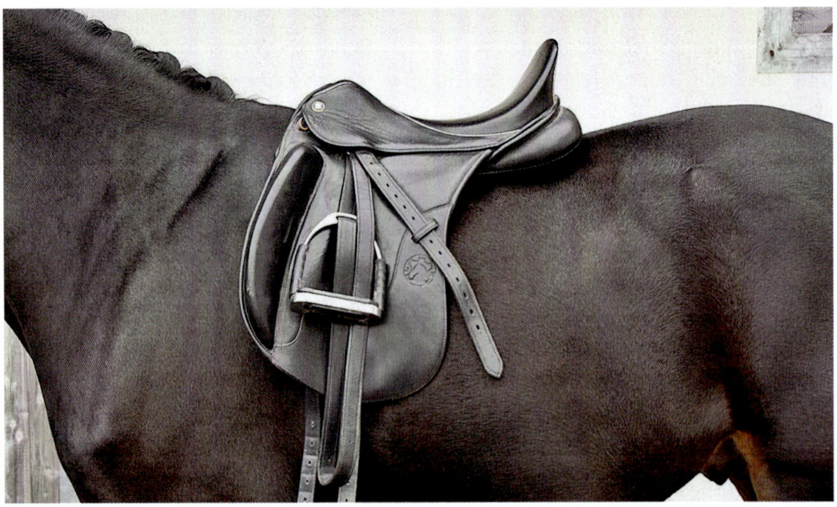

Zur Überprüfung der Passform kann man den Sattel am besten ohne Satteldecke auf den Pferderücken legen.

Sattel

Der Sattel ist so etwas wie die Verbindung zwischen dir und deinem Pferd. Deshalb passt ein guter Sattel immer zum Pferd und zum Reiter. Er muss

- an den Rücken des Pferdes angepasst sein und ihm Bewegungsfreiheit ermöglichen und
- dem Reiter einen losgelassenen und beweglichen Sitz ermöglichen.

Damit dein Pferd sich mit dem Sattel wohlfühlt, sind vor allem drei Dinge wichtig:

- Der Sattel liegt hinter dem Schulterblatt und lässt die Bewegungen der Schulter zu.
- Die Kissen des Sattels liegen gleichmäßig auf dem Rücken und die Wirbelsäule bleibt frei.
- Die Kammer des Sattels lässt den Widerrist frei.

Um dies zu gewährleisten, muss der Sattel regelmäßig von einem Sattler überprüft und vielleicht korrigiert werden. Je nach Schwerpunkt gibt es Spring-, Vielseitigkeits- und Dressursättel. Du kannst sie an der Form leicht unterscheiden. Ein **Springsattel** hat ein kürzeres, weiter vorgebautes Sattelblatt und eine flache Sitzfläche. So kannst du auch mit kurzem Steigbügel im Gleichgewicht sitzen und dich an die Bewegungen des Pferdes anpassen. Ein **Dressursattel** hat ein langes Sattelblatt und eine tiefere Sitzfläche. Damit kommst du mit längerem Bügel geschmeidig zum Mitschwingen. **Vielseitigkeitssättel** sind eine Zwischenform und deshalb für den Einstieg gut geeignet.

- Safety first: Das **Sattelschloss** lässt du am besten immer offen, dann kann sich der Bügelriemen im Falle eines Sturzes von dem Sattel lösen.

Zum Sattel gehören außerdem ein Sattelgurt, ein Paar Steigbügel mit Steigbügelriemen und eine Sattelunterlage. **Sattelgurte** gibt es als Kurzgurte für Sättel mit langen Gurtstrupfen oder als Langgurte, wenn dein Sattel kurze Gurtstrupfen hat. Ein guter Gurt ist weich gepolstert, breit und natürlich passend lang. Um Druck- und Scheuerstellen zu vermeiden ist es wichtig, den Gurt gut zu pflegen und regelmäßig zu reinigen. **Steigbügel** sollten breit und stabil sein. Wenn du den Bügel beim Reiten mal

Ein offenes Sattelschloss erhöht die Sicherheit.

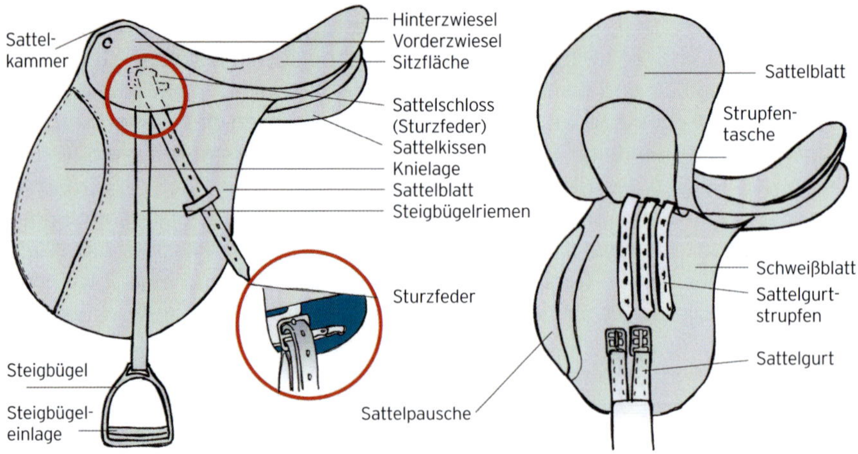

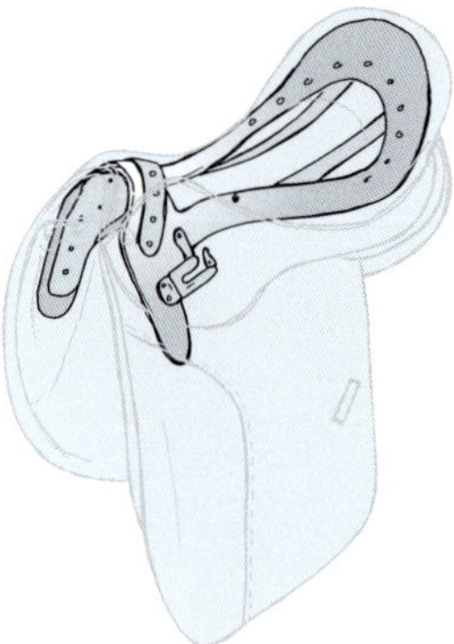

Der Sattelbaum ist äußerlich nicht sichtbar, bildet jedoch die Basis für einen Sattel.

verlierst, kannst du ihn leichter wieder aufnehmen. Eine rutschfeste Einlage in der Trittfläche sorgt für guten Halt deines Fußes im Bügel. **Steigbügelriemen** sind meistens aus Leder oder Kunstleder. Sie müssen einiges an Gewicht aushalten, deshalb kontrollierst du vor allem die Nähte regelmäßig. Achte darauf, dass genügend Löcher zum Verstellen in den Bügelriemen sind. Das „Umschlagen" der Bügelriemen macht das richtige Aufnehmen der Steigbügel sehr schwer und sollte die Ausnahme bleiben.

Die **Sattelunterlage** - als Satteldecke, Pad oder Schabracke - saugt den Schweiß des Pferdes auf und schützt so das Leder. Achte darauf, dass die Satteldecke immer glatt und ohne Falten liegt. Wenn dein Pferd geschwitzt hat, lasse die Decke zum Trocknen nicht unter dem Sattel. Das ist schädlich für das Leder, denn davon wird es spröde und brüchig. Wasche die Sattelunterlage regelmäßig in der Waschmaschine. Bei einem gut sitzenden Sattel reicht eine einfache, dünne Unterlage. Dicke Kissen und Polster benutzt du nur, wenn dir der Sattler, Tierarzt oder dein Ausbilder dazu raten.

➤ **Safety first:** Reinige dein Sattelzeug regelmäßig. Das sieht nicht nur gepflegter aus, sondern erhöht auch deine Sicherheit. Ungepflegtes Leder wird schnell spröde und brüchig und reißt dann leicht.

Hilfszügel

Gerade zu Beginn der Reitausbildung brauchst du **Hilfszügel**. Wie der Name schon verrät, helfen sie dir, wenn du dein Pferd noch nicht sicher an die Hilfen bringen kannst. Man unterscheidet **Ausbindezügel** und andere Hilfszügel. Die Ausbindezügel geben

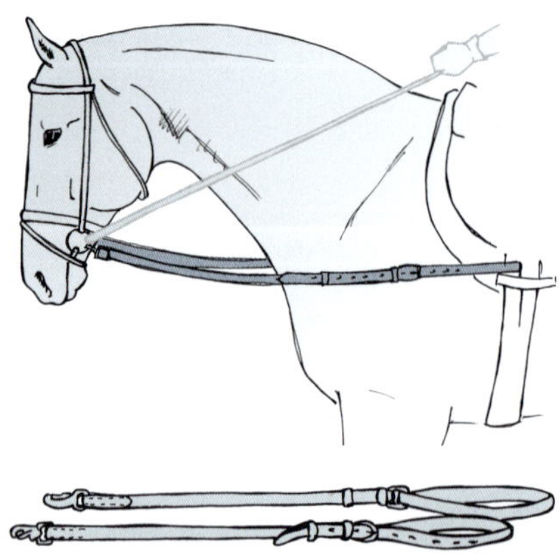

Einfache Ausbindezügel werden so verschnallt, dass die Stirn-Nasenlinie leicht vor der Senkrechten ist.

deinem Pferd einen gleichmäßigen Rahmen vor, es kann sich so an das Gebiss herandehnen. Das ist wichtig, damit es sich locker und zufrieden unter dir bewegt. Als Ausbindezügel eignen sich vor allem einfache **Ausbinder, Dreieckszügel** und **Laufferzügel**. Sie werden vor allem in der Reitbahn beim Dressurreiten verwendet. Ausbindezügel werden immer auf beiden Seiten gleichlang verschnallt. Die Länge ist richtig, wenn die Stirn-Nasenlinie beim stehenden Pferd an oder leicht vor der Senkrechten ist.

➤ **Safety first:** Alle Ausbindezügel schränken die Beweglichkeit des Pferdehalses ein. Deshalb ist es ganz wichtig, sie erst in der Reitbahn einzuschnallen. Zum Führen, zum Reiten auf hartem Boden und im Gelände oder zum Springen sind Ausbinder nicht geeignet!

Der bekannteste Hilfszügel ist sicherlich das **Martingal**. Dein Pferd trägt es zum Beispiel beim Springen oder beim Reiten im Gelände. Wichtig ist auch hier die richtige Verschnallung: die zweigeteilte Gabel des Martingals ist lang genug, wenn sie im Stand bis in den Kehlgang des Pferdes reicht. Nimmst du die Zügel auf, darf die Linie zwischen deiner Hand und dem Maul deines Pferdes nicht durch das Martingal unterbrochen werden. Der Brustriemen muss unbedingt eng anliegen. So kann dein Pferd darin nicht mit dem Huf hängenbleiben, wenn es springt. Manchmal wird das Martingal auch in ein **Vorderzeug** eingeschnallt. Das Vorderzeug kann verhindern, dass der Sattel nach hinten rutscht.

Martingalgabel und Brustriemen des Vorderzeugs sind passend eingestellt.

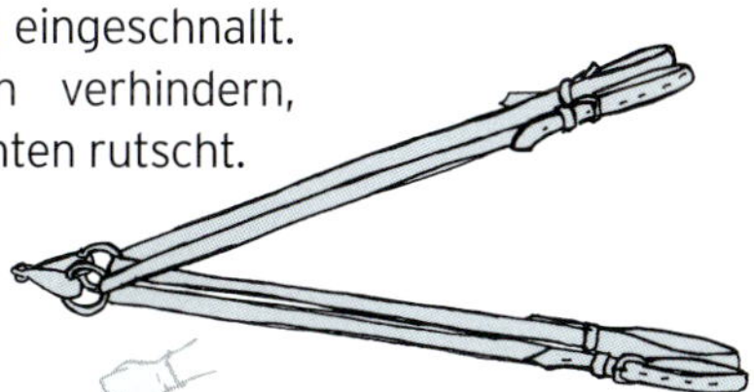

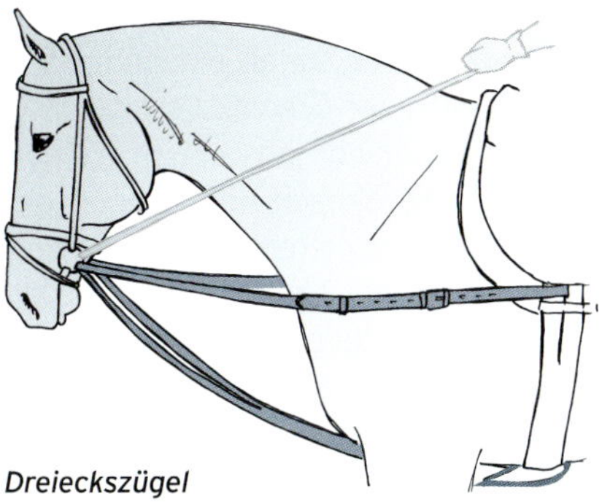

Dreieckszügel

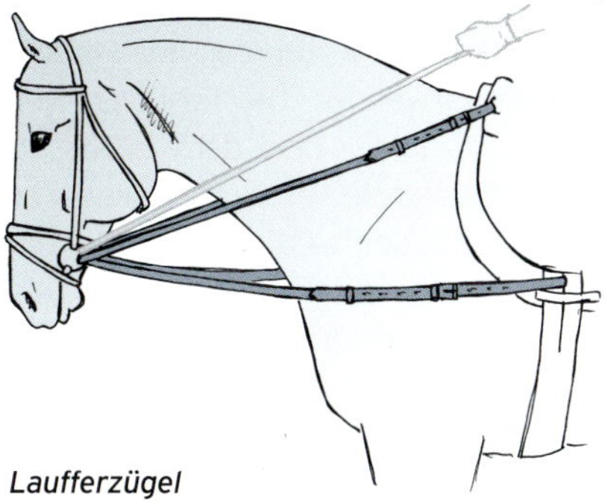

Laufferzügel

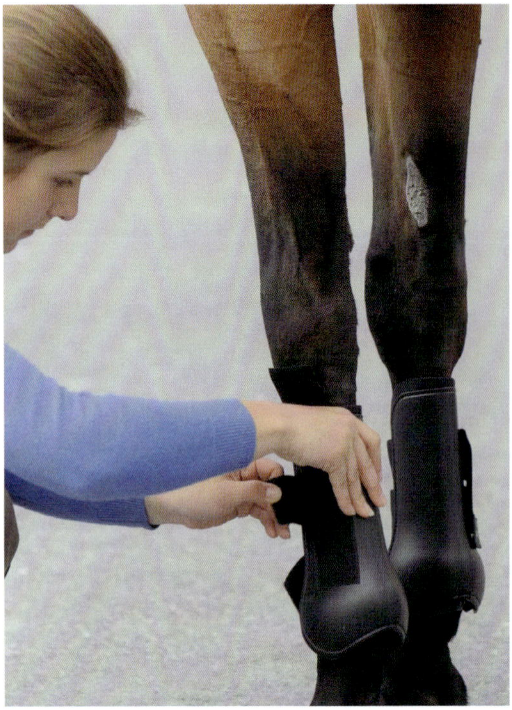

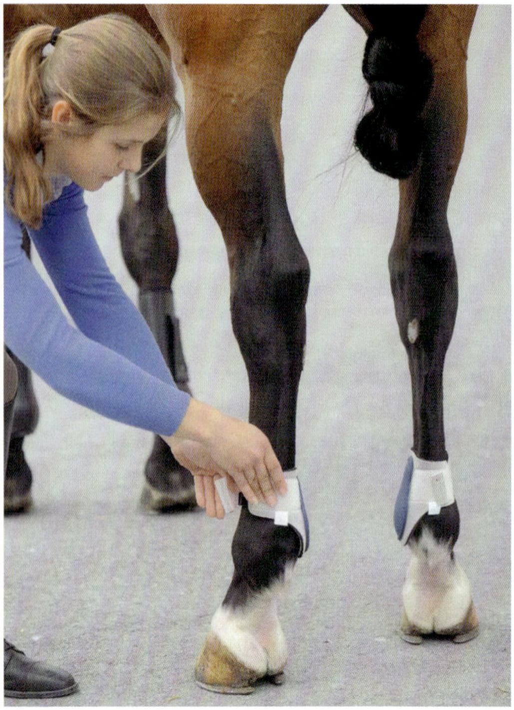

Beinschutz – ob lange Gamaschen oder kurze Streichkappen – wird generell an der Außenseite des Pferdebeines von vorn nach hinten geschlossen.

Beinschutz

Gerade wenn dein Pferd Hufeisen trägt, ist die Nutzung von Beinschutz sinnvoll. Mit Gamaschen, Streichkappen oder Bandagen kannst du verhindern, dass sich dein Pferd in der Bewegung selbst tritt und damit verletzt. **Gamaschen** gibt es in vielen unterschiedlichen Formen und Farben. Meistens haben sie an der Rückseite oder der Innenseite härteres Material. So schützen sie das Pferdebein vor dem Anschlagen mit einem anderen Huf. Gamaschen sind beliebt, weil sie leicht anzulegen und zu reinigen sind. **Streichkappen** werden an den Hinterbeinen verwendet. Sie schützen vor dem Streichen – also dem Berühren der Fesselköpfe in der Bewegung. Auch **Bandagen** werden oft, vor allem beim Dressurreiten, verwendet. Das Bandagieren erfordert allerdings einige Übung: zu stramm oder zu locker gewickelt, schaden sie dem Bein mehr, als sie nützen. Und für das Reiten im Gelände sind Bandagen ganz ungeeignet. Sie können an Dornen hängenbleiben oder sich mit Wasser vollsaugen und dadurch rutschen.

Hufglocken können verhindern, dass sich dein Pferd selbst auf den Kronrand oder den Hufballen tritt.

Trense

Zum Reiten braucht dein Pferd schließlich noch eine Trense. Sie besteht meistens aus Leder und muss deinem Pferd gut passen. Zur Trense gehören das Kopfstück, ein Gebiss, Zügel und ein Reithalfter. Das **Gebiss** ist in der Regel aus Metall, manchmal aus Kunststoff oder Gummi. Es gibt ganz viele unterschiedliche Gebisse, für den Anfang sind einfach und doppelt gebrochene Wassertrensen oder Olivenkopfgebisse am besten geeignet. Das Gebiss liegt richtig im Maul, wenn sich am Maulwinkel eine kleine Falte bildet. Die **Zügel** sind meistens aus Gurtmaterial mit Lederstegen, manchmal

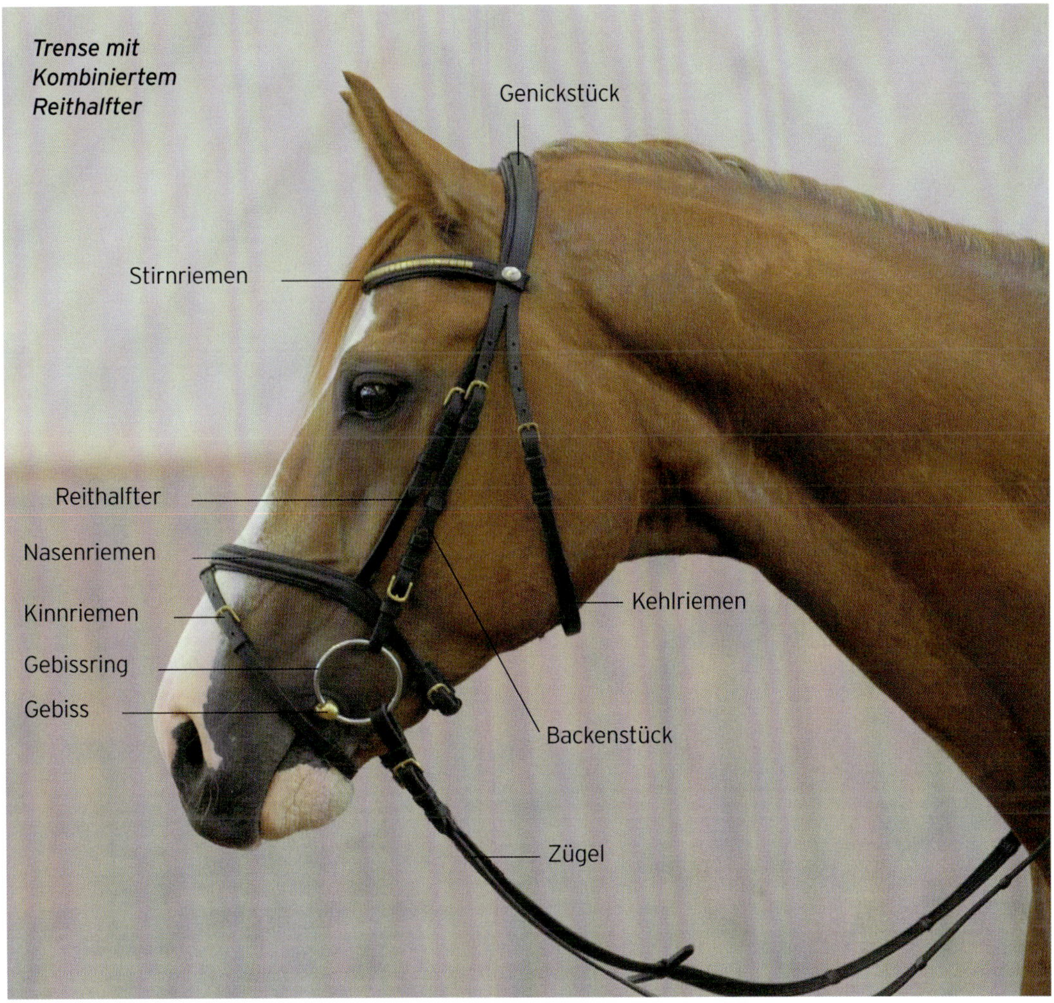

auch ganz aus Leder oder mit Gummi überzogen. Wichtig ist, dass die Zügel schmal genug sind, damit du sie gut mit der Faust umfassen kannst. Die Schnalle am Ende der Zügel bleibt immer geschlossen. Wenn du mal beim Reiten einen Zügel verlierst, kannst du ihn dir schnell wiederholen und das Pferd kann nicht darauf treten. Das **Kombinierte Reithalfter** ist das beliebteste. Es besteht aus einem breiteren Nasenriemen und einem schmalen Kinnriemen. Verschnallt wird es so, dass zwischen Nasenrücken und Nasenriemen noch **ein bis zwei Finger** Platz ist. So wird weder

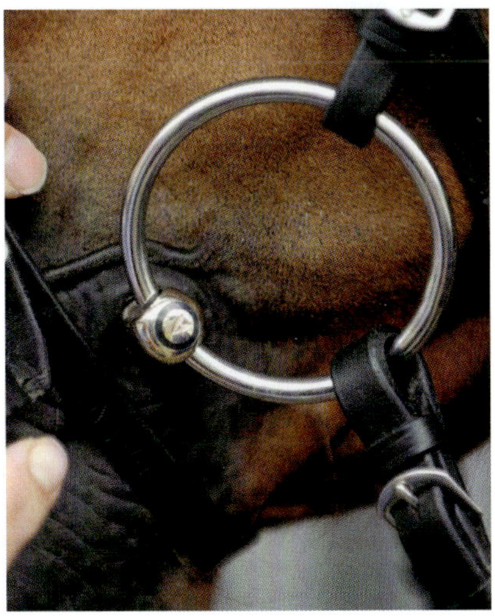

Liegt das Gebiss richtig, siehst du am Maulwinkel eine kleine Falte.

Hannoversches Reithalfter

Mexikanisches Reithalfter

die Atmung noch das Kauen oder Schlucken eingeschränkt. Wenn dein Pferd nach dem Auftrensen noch ein Leckerli fressen kann, hast du es richtig gemacht. Außer dem Kombinierten Reithalfter gibt es noch das Hannoversche, das Englische und das Mexikanische Reithalfter

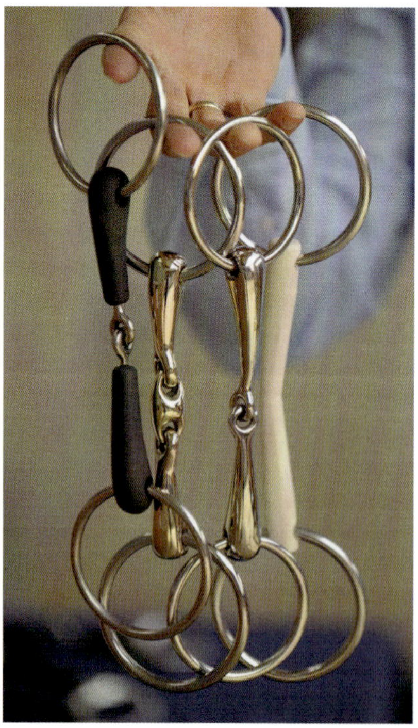

Die Auswahl an Gebissen ist groß.

- **Safety first:** Die Trense sitzt direkt am empfindlichen Pferdekopf. Sie muss deshalb unbedingt gut passen und richtig verschnallt werden. Sonst drohen Druck- oder **Scheuerstellen.**

6.3 Pflege des Sattelzeugs

Um das Leder lange geschmeidig zu halten, ist regelmäßige Pflege unerlässlich. Das erledigst du am besten direkt nach dem Reiten, wenn du dein Pferd versorgt hast. Als erstes wäschst du das Gebiss mit **Wasser** und einem **Schwamm** ab. Dabei entfernst du Speichel und Schmutz, bevor sie eintrocknen können. Trockne das Gebiss mit einem **Handtuch** ab. Nun nimmst du dir einen feuchten Schwamm und etwas **Sattelseife**. Damit wischst du die Lederteile der Trense ab und entfernst auch hier den Schweiß und

Lederpflege gehört dazu.

Schmutz. Genauso reinigst du auch den Sattel und die Hilfszügel. Hat dein Sattel einen Ledergurt, reinigst du auch diesen mit einem Schwamm und etwas Seife. Sattelgurte aus Nylon oder Gurt kommen regelmäßig in die **Waschmaschine** – genauso wie die Schabracke und die Bandagen. Gamaschen reinigst du einfach mit einer harten Bürste oder mit einem Schwamm und Wasser, wenn sie sehr schmutzig sind. Trockne alles gut ab, bevor du es wieder zurück an seinen Platz in die Sattelkammer räumst.

Hin und wieder – am besten einmal im Monat – bekommt das Leder eine Extraportion Pflege: Dazu brauchst du neben der Sattelseife **Lederfett oder -öl.** Mit einem Lappen oder Pinsel fettest du alle Lederteile dünn ein. So bleibt das Leder weich und geschmeidig.

Hier eine Checkliste zum Thema „Pflege der Ausrüstung"

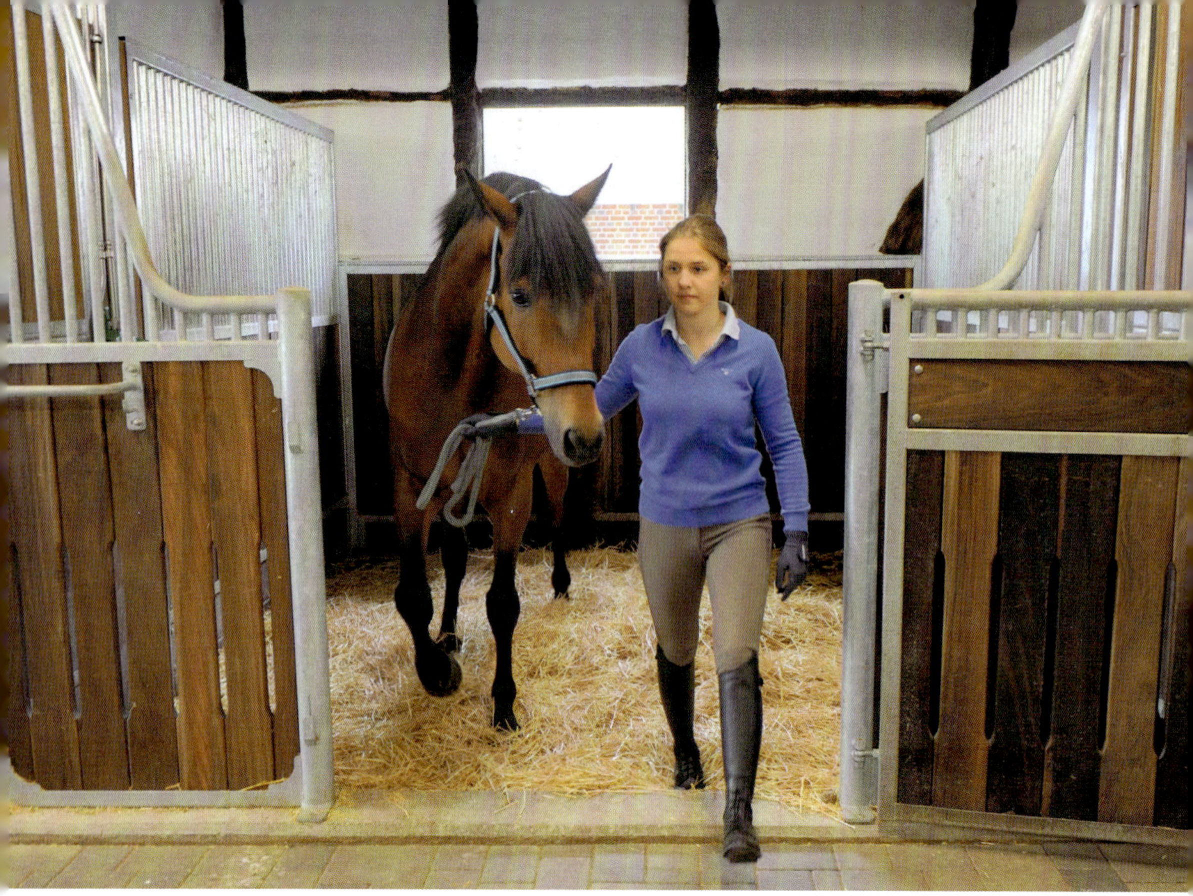

Erst einmal wird das Pferd aus der Box geführt.

7 Vorbereitung zum Reiten: Auf geht's in die Praxis

Dein Fahrrad holst du einfach aus der Garage und radelst los, wenn du zum Stall möchtest. Beim Pferd dauert die Vorbereitung zum Reiten deutlich länger. Und das ist auch gut so! Das Pflegen, Putzen und Versorgen vor und nach dem Reiten gehört einfach immer dazu. Dabei kannst du sehen, ob dein Pferd gesund und munter ist. Denn du bist dafür verantwortlich, dass es deinem Pferd gut geht.

7.1 Putzen, Satteln, Trensen

Schritt 1: Das Pferd aus dem Stall oder von der Weide holen

Als erstes holst du dein Pferd wahrscheinlich aus seiner Box oder von der Weide. Dazu sprichst du es immer an, dann weiß es, dass du kommst und erschreckt nicht. Öffne die Boxentür und warte, bis dein Pferd sich zu dir umdreht. Nimm dir ruhig Zeit für eine kleine Begrüßung – ein Kraulen am Hals oder am Kopf zeigt dem Pferd, dass du es gut mit ihm meinst. Dann legst du deinem Pferd das Halfter an. Stelle dich dazu auf die linke Seite neben den Hals deines Pferdes, streife das Halfter zuerst über die Nase und dann über die Ohren und schließe den Haken auf der linken Seite. Holst du dein Pferd zum Reiten von seiner Weide, nimm am besten eine erfahrene Person mit, die dir beim Öffnen und Schließen der Tore behilflich ist. Mit einem Pferd an der Hand ist das ansonsten ziemlich schwierig.

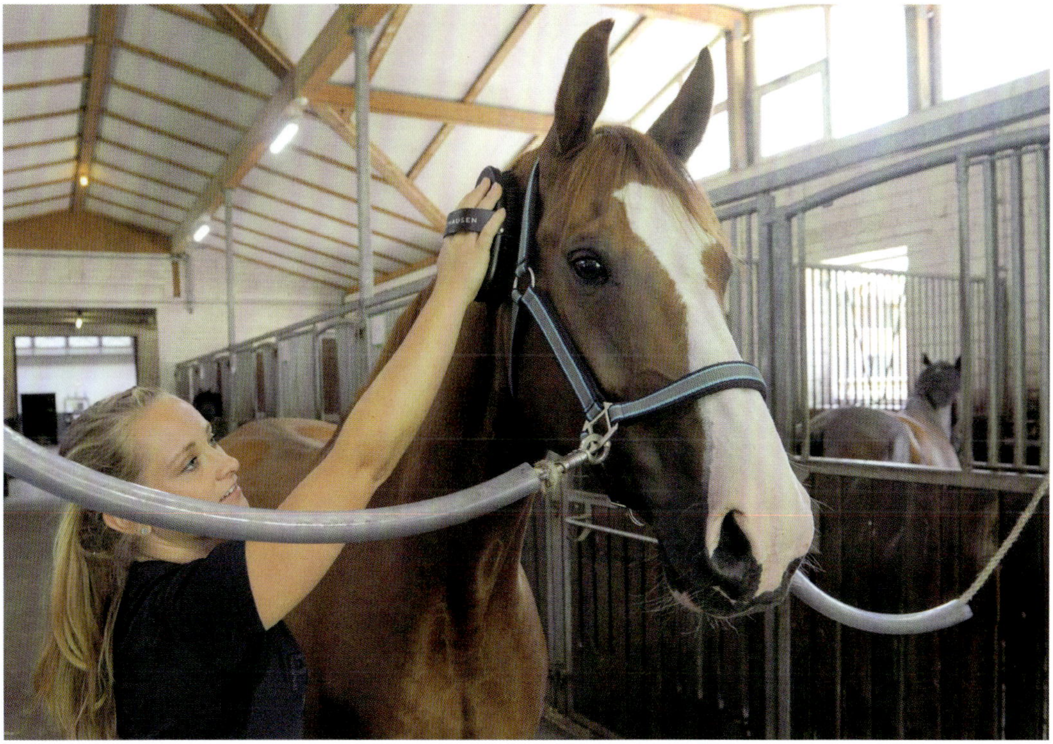

Viele Pferde stehen beidseitig angebunden ruhiger.

➤ Safety first: Achte darauf, dass der Verschluss des Karabiners immer nach außen zeigt (siehe Foto Seite 33). Den Führstrick hakst du in den unteren Ring des Halfters ein.

Schritt 2: Zum Putzplatz führen

Vor dem Reiten putzt du dein Pferd. Dafür brauchst du erst einmal einen geeigneten Putzplatz. Dieser bietet sichere Möglichkeiten zum Anbinden, einen rutschfesten Boden und genügend Platz für dich und dein Pferd. Oft werden die Pferde direkt vor der Box auf der Stallgasse geputzt. Manchmal gibt es aber auch drinnen oder draußen spezielle Putzplätze. Das ist natürlich sehr komfortabel, weil du dort meist alles findest, was du zum Pflegen deines Pferdes brauchst.

➤ **Safety first:** Achte darauf, dass am Putzplatz in der Reichweite deines Pferdes nichts herumsteht oder -liegt, woran sich dein Pferd verletzen könnte. Und denke daran, den Putzplatz immer sauber und ordentlich zu hinterlassen. Auch ist ein Sicherheitsabstand zum nächsten Pferd wichtig.

Schritt 3: Das Pferd anbinden

Am Putzplatz bindest du dein Pferd an. Das Anbinden hat es schon als junges Pferd gelernt. Aber als Fluchttier mag es trotzdem nicht gern festgebunden sein. Deshalb ist es wichtig, darauf zu achten, wo und wie du dein Pferd anbindest. Wähle zum Anbinden immer einen **sicheren Gegenstand**. Das kann ein stabiler Ring aus Eisen sein, der in die Wand eingelassen ist oder ein fester Balken im Freien. An Türen, Fenstern oder anderen beweglichen Dingen darfst du dein Pferd nie anbinden, auch wenn es nur für eine kurze Zeit ist. Pferde, die sich erschrecken, sind unglaublich stark. Sie

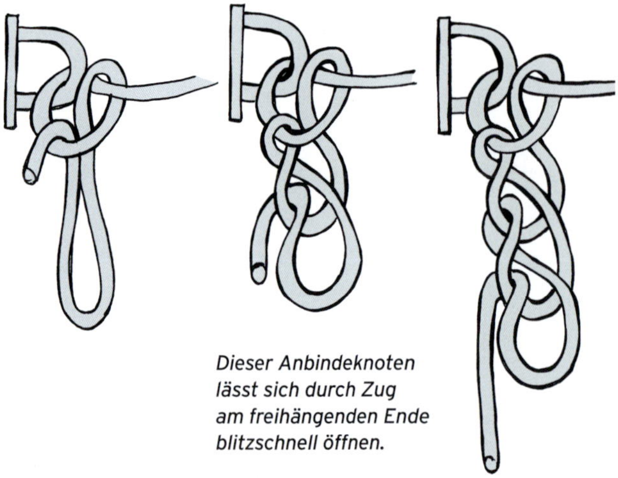

Dieser Anbindeknoten lässt sich durch Zug am freihängenden Ende blitzschnell öffnen.

könnten eine Tür aus den Angeln reißen und sich schwer verletzen. Zum Anbinden gibt es Stricke mit **Panikhaken**. Der öffnet sich, wenn das Pferd sich erschreckt und zurückzieht. Das schützt vor schlimmeren Verletzungen. Wenn du dein Pferd mit einem Strick anbindest, binde immer einen **Sicherheitsknoten**. Dieser lässt sich im Zweifelsfall mit einer Hand öffnen.
Dein Pferd bindest du so an, dass der Knoten sich etwa in Brusthöhe befindet und der Strick etwa 60 cm lang ist (oder eine Armlänge).
Du kannst dein Pferd entweder mit einem Strick anbinden oder auch von beiden Seiten mit zwei Stricken. Viele Pferde stehen ruhiger und damit sicherer, wenn sie von beiden Seiten angebunden sind.

Alles was du zur Pferdepflege brauchst (v. li. n. r.): Huffett mit Pinsel, zwei Schwämme, Wurzelbürste, weiche Lappen, Striegel, Hufkratzer und Kardätsche

➤ **Safety first:** Egal wie gut du dein Pferd angebunden hast, lange allein lassen darfst du es am Putzplatz nie. Wenn du doch mal etwas vergessen hast, bitte einen Mitreiter darum, in der Zeit auf dein Pferd zu achten.

Schritt 4: Putzen – viel mehr als nur Dreck entfernen

Natürlich putzt du dein Pferd vor dem Reiten. Das ist ganz selbstverständlich. Gute Pflege trägt sehr viel zur Gesundheit bei. Beim Putzen reinigst du das Fell von Schmutz, Staub und Schweiß. So verhinderst du, dass dein Pferd zum Beispiel unter dem Sattelgurt Scheuerstellen bekommt. Durch den direkten Kontakt zu deinem Pferd kontrollierst du auch seine Gesundheit. Schwellungen, Wärme, kleine Verletzungen oder Scheuerstellen findest du oft beim Putzen. Ziehe deshalb zum Putzen lieber keine Handschuhe an. Außerdem dient das Putzen der Massage. Es fördert die Durchblutung und damit das **Wohlbefinden** deines Pferdes. Und auch du wirst durch gründliches Putzen schon einmal etwas aufgewärmt und locker!
Zu guter Letzt fördert das Putzen auch die Beziehung zwischen dir und deinem Pferd. Du lernst es besser kennen, merkst, was es mag und was nicht. Das erhöht das Vertrauen und gibt Sicherheit.
Mit dem Putzen beginnst du am besten auf der **linken Seite,** und zwar stets von vorn nach hinten. Mit dem Striegel in der linken Hand raust du das Fell in großen Kreisen auf. Das löst den Schmutz aus dem Fell. Wenn du an der Flanke angekommen bist,

Mit Striegel und Kardätsche reinigst du das Fell.

wechselst du den Striegel in die rechte Hand und bearbeitest die Hinterhand des Pferdes. Dadurch musst du nicht hinter dein Pferd treten. Da der Striegel ziemlich hart sein kann, benutze ihn bitte nur an den gut bemuskelten Bereichen – also nicht am Kopf oder an den Beinen. Nach dem Striegeln nimmst du die **Kardätsche** in die linke und den Striegel in die rechte Hand. Vom Hals an bürstest du mit langen, ruhigen Zügen den Staub und Schmutz aus dem Fell. Auf Höhe der Flanke wechselst du wieder: Kardätsche in die rechte Hand, Striegel in die linke. Ab und zu streifst du die Kardätsche am Striegel ab und klopfst den Striegel am Boden aus. Wenn du gründlich putzt, kommt da einiges an Staub zusammen! Die rechte Pferdeseite wird entsprechend umgekehrt geputzt.

Für die Beine nimmst du am besten eine **Wurzelbürste.** Die ist etwas härter und hat oft auch längere Borsten. Den empfindlichen Kopf putzt du mit einer speziellen **Kopfbürste**, die ist kleiner und weicher als normale Kardätschen. Mit einem **Mähnenkamm** oder einer Bürste glättest du die Mähne. Der Schweif wird nur „verlesen", also mit den Fingern entwirrt und so gereinigt. Bürsten sollest du den Schweif nicht. Du reißt sonst zu viele Haare aus. Zum Schluss bringst du mit einem **Lappen** oder Fellhandschuh das ganze Pferd zum Glänzen.

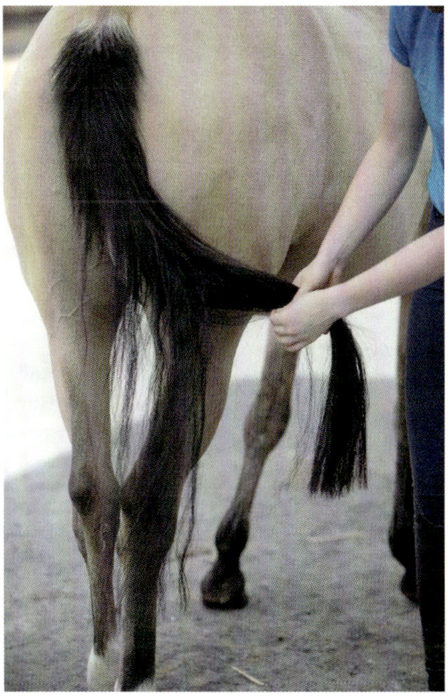

Stell dich beim Verlesen des Schweifs seitlich neben dein Pferd.

Mit einer Hand an der Schulter kannst du unter dem Hals des Pferdes die Seite wechseln.

- **Safety first:** Direkt vor und hinter sich kann das Pferd nur schlecht sehen. Wenn du beim Putzen auf die andere Seite wechseln möchtest, gehst du deshalb mit großem Abstand um dein Pferd herum. Ist dafür kein Platz, lege eine Hand an die Schulter, wenn du unter dem Hals des Pferdes die Seite wechselst, oder auf die Kruppe deines Pferdes, wenn du beim Seitenwechsel hinten um das Pferd herum gehst, und sprich währenddessen mit ihm. So weiß es, dass du da bist und erschrickt nicht.

Die Hufpflege: ohne Huf kein Pferd

Besonders sorgfältig musst du dich um die Hufe deines Pferdes kümmern. Vor und nach dem Reiten werden sie immer gründlich ausgekratzt. Das geht am besten mit einem **Hufkratzer** mit Bürste. Mit der Metallspitze reinigst du die Strahlfurchen vom Ballen in Richtung Zehe. Die Sohle bürstest du mit der anderen Seite kräftig ab.

Das Aufnehmen der Hufe ist gerade am Anfang nicht immer ganz einfach. Gut erzogene Pferde helfen dir aber dabei. So geht's:

- Du stehst an der linken Schulter deines Pferdes und schaust Richtung Hinterbein. Mit deiner linken Hand streichst du an der Schulter und am **Vorderbein** entlang nach unten.
- Umfasse den Fesselkopf von innen und fordere dein Pferd auf, den Huf hochzuheben. Zum Beispiel indem du „Huf!" sagst.
- Reagiert dein Pferd nicht, lehne dich mit deinem Körper gegen die Schulter deines Pferdes. So bringst du es etwas aus dem Gleichgewicht und es wird das Bein anheben.
- Wenn du deine Beine etwas auseinander stellst, stehst du sicherer.
- Halte den linken Vorderhuf mit der linken Hand und kratze mit der rechten Hand aus.
- Beim **Hinterbein** machst du es genauso. Du kannst den Huf deines

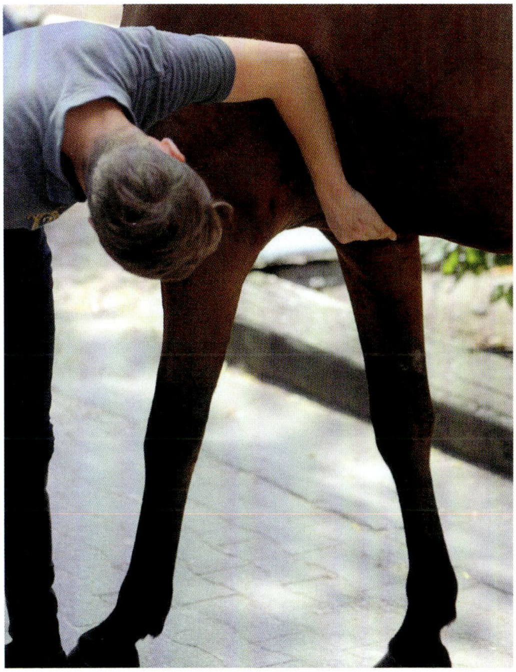

links: Putzen bietet eine gute Möglichkeit, den Gesundheitszustand des Pferdes zu kontrollieren.

rechts: Beim Hufe auskratzen kannst du auch die Eisen kontrollieren.

Pferdes auch auf deinem Knie ablegen.

- Auf der rechten Seite geht es genau andersherum: die rechte Hand nimmt den Huf, die linke den Hufkratzer.

Wenn dein Pferd Hufeisen trägt, kotrollierst du beim Reinigen auch gleich den Sitz der Eisen und der Hufnägel mit.
Du kannst die Hufe auch mit Wasser waschen, das schadet dem Horn nicht. Ist der Huf noch feucht, macht das Einfetten mit Huffett oder Huföl Sinn. Das Fett verhindert, dass der Huf austrocknet.

- **Safety first:** Bleibe bei der Hufpflege immer mit gebeugten Knien stehen. Wähle deinen Standort immer seitlich neben dem Pferdebein. Wenn du dich hinhockst oder sogar hinsetzt, kannst du nicht schnell genug reagieren, wenn dein Pferd mal zur Seite tritt.

Satteln und Trensen

Nach dem Putzen legst du deinem Pferd den Sattel auf. Dafür brauchst du etwas Übung und am Anfang bestimmt auch noch Hilfe. Nimm den Sattel mit beiden Händen hoch und lege ihn vor dem Widerrist auf den Hals.
Dann schiebst du ihn zurück in die Sattellage. Überprüfe auf beiden Seiten, dass die Satteldecke richtig – also fal-

Sorgfältiges Einkammern verhindert Druck am empfindlichen Widerrist.

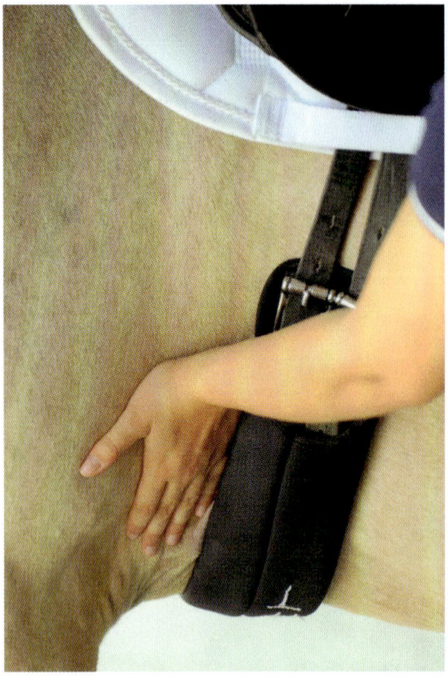

So liegt der Sattelgurt richtig.

So können die Bügel nicht herunterrutschen.

tenfrei – liegt. Dazu gehört auch das „Einkammern". Ziehe die Satteldecke immer gut hoch in die Kammer des Sattels, dann drückt sie dein Pferd nicht am empfindlichen Widerrist. Lasse den **Sattelgurt** an der rechten Seite vorsichtig herunter und gurte dann von der linken Seite behutsam an. Passt der Sattel, liegt der Gurt etwa eine Handbreit hinter dem Ellbogen.
Zu stramm braucht der Gurt gar nicht sein; zwischen Pferdebauch und Gurt soll immer eine flache Hand passen. Viele Pferde haben durch zu schnelles oder zu strammes Angurten sogenannten Gurtzwang. Sie legen die Ohren an, stampfen mit dem Huf oder beißen sogar, wenn der Gurt angelegt wird. Denke rechtzeitig ans Nachgurten. Besser mehrmals nur leicht, zum Beispiel vor dem Aufsitzen, nach dem Aufsitzen, nach dem Schritt reiten und nach dem Leichttraben.

➤ **Safety first:** Achte darauf, dass die Steigbügel gut am hinteren Bügelriemen hochgeschoben sind. Dann können sie nicht herunterrutschen und deinem Pferd gegen den Bauch schlagen. Am besten ziehst du den Bügelriemen zusätzlich noch durch den Steigbügel.

Wenn du dein Pferd mit **Hilfszügeln** reitest, kannst du sie jetzt schon am Sattel befestigen. Ins Pferdemaul eingeschnallt werden sie aber erst nach dem Schrittreiten. Trägt dein Pferd Gamaschen zum Schutz der Beine, legst du auch diese vor dem Trensen an. Achte darauf, dass das Fell am Bein sauber ist und schiebe die Gamasche von oben nach unten an die richtige Stelle. So liegt das Fell darunter glatt und es gibt keine Druckstellen.
Jetzt kommt die Trense dran.
Du nimmst sie über den linken Unterarm, so dass der Stirnriemen zu deinem Körper zeigt. Dann gehst du von links an den Kopf deines Pferdes und legst die **Zügel** über den Hals, nah hinter den Ohren. Nimm das Halfter ab und fasse mit deiner rechten Hand um die Nase deines Pferdes. Halte mit dieser Hand die Trense an den **Backen-**

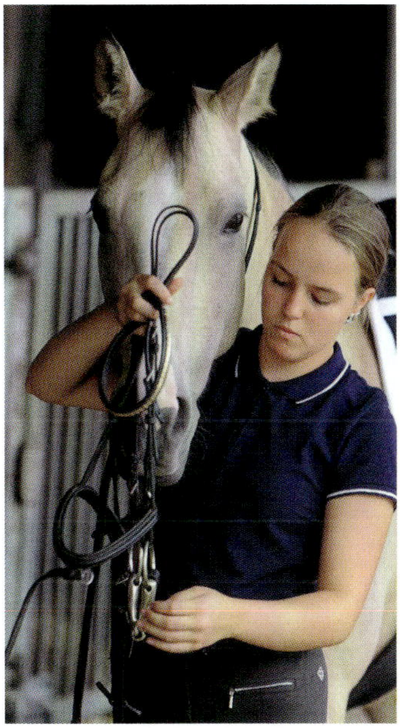
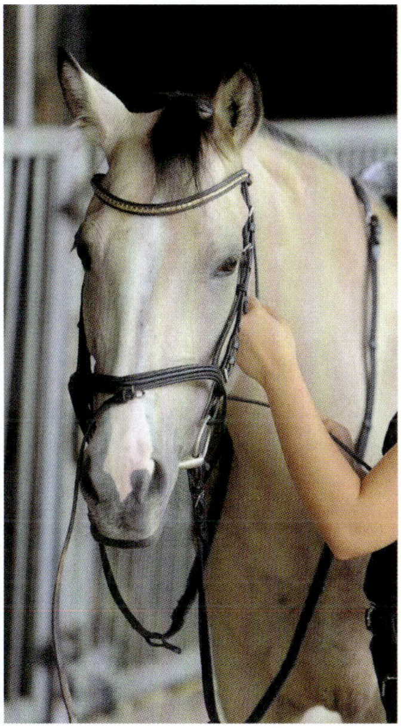
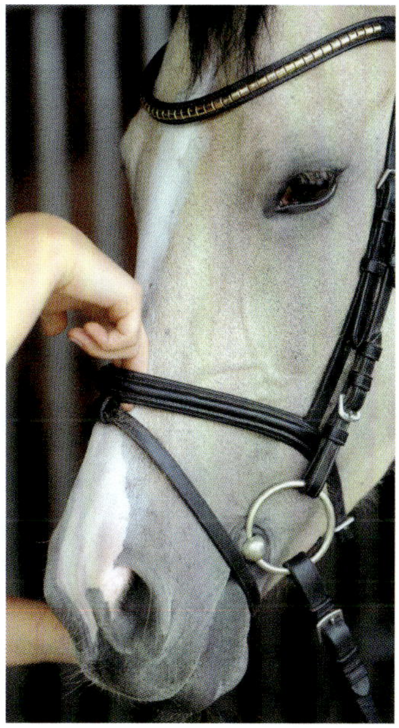

Vor dem Auftrensen die Zügel hinter die Ohren legen, dann die Riemen von oben nach unten schließen und zum Schluss alles noch einmal kontrollieren.

stücken und lege mit der linken Hand das **Gebiss** vor das Maul. Wenn dein Pferd sein Maul öffnet, ziehst du mit der rechten Hand die Trense vorsichtig Richtung Ohren. Manche Pferde öffnen ihr Maul erst nach Aufforderung. Du kannst dazu mit deinem linken Daumen etwas gegen die Lade drücken – keine Angst, dort wo das Gebiss liegt, hat das Pferd keine Zähne. Das Gebiss kann jetzt ins Maul rutschen. Jetzt hast du beide Hände frei, um alles zu sortieren. Ziehe das **Genickstück** erst über das rechte, dann über das linke Ohr. Sortiere den Schopf über den **Stirnriemen** und die Mähne hinter dem Genickstück. Stelle dich dann vor dein Pferd und kontrolliere, dass das Gebiss mittig im Maul liegt. Vielleicht musst du auch das **Reithalfter** noch gerade ziehen. Schließe dann die Riemen von oben nach unten. Also erst den **Kehlriemen**, und zwar so, dass noch eine aufrechte Faust dazwischen passt. Danach kommt der **Nasenriemen**. Er wird so verschnallt, dass noch ein bis zwei Finger zwischen Nasenrücken und Riemen passen. Bei einem Kombinierten Reithalfter schließt du zum Schluss noch den **Kinnriemen**. Auch der liegt nur leicht an und behindert das Pferd weder beim Atmen noch beim Kauen oder Schlucken.

➤ **Safety first:** Binde dein Pferd nie an der Trense an. Das Maul des Pferdes ist sehr empfindlich. Es könnte sich schlimm verletzen, wenn es sich erschreckt. Hast du noch etwas vergessen, legst du das Halfter wieder über die Trense an. Und noch etwas: Hänge das Halfter immer ordentlich weg, bevor du zur Reitbahn gehst. Ein auf dem Boden herumliegendes Halfter kann zur Stolperfalle für andere Menschen und Tiere werden.

Nach der Reitstunde versorgst du dein Pferd in der umgekehrten Reihenfolge. **Abtrensen** geht am besten am Putzplatz. Du lässt die Zügel noch hinter den Ohren über dem Hals liegen. Dann öffnest du von unten nach oben Kinnriemen, Nasenriemen und Kehlriemen. Ziehe das Genickstück über die Ohren und warte, bis dein Pferd

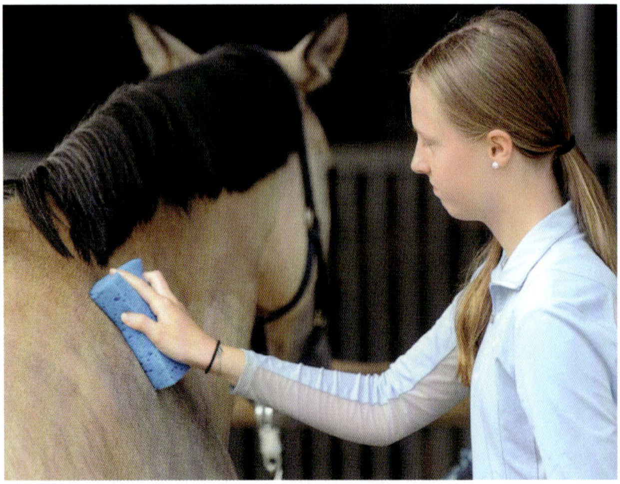
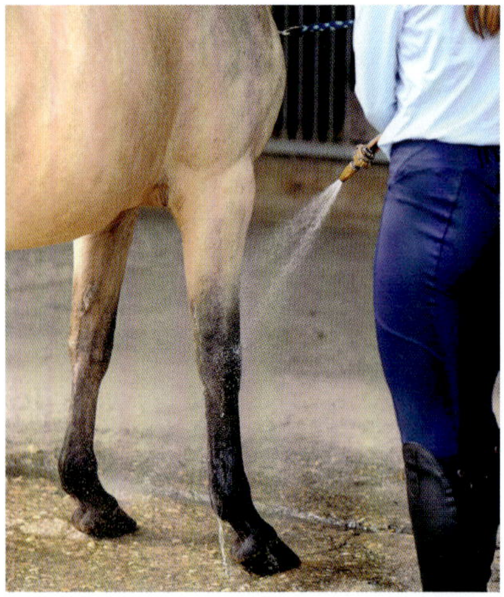

Mit Schwamm und Schlauch entfernst du den Schweiß aus dem Pferdefell.

das Gebiss hergibt. Lege nun das Halfter an, nimm die Zügel vom Hals und binde dein Pferd an. Jetzt nimmst du den Beinschutz ab. Besonders unter Gamaschen entsteht schnell ein Hitzestau, da das Material nicht atmungsaktiv ist. Deshalb sollte sie nicht länger als unbedingt nötig am Bein deines Pferdes bleiben. Als nächstes nimmst du die Hilfszügel ab.
Zum **Absatteln** öffnest du den Gurt auf der linken Seite und lässt ihn vorsichtig nach unten. Pass auf, dass er deinem Pferd nicht gegen das Bein schlägt. Gehe auf die rechte Seite und lege den Gurt über den Sattel. Von der linken Seite aus fasst du den Sattel mit beiden Händen und ziehst ihn langsam vom Rücken.
Ebenso wichtig wie das Putzen vor dem Reiten ist auch die Pflege deines Pferdes nach dem Reiten. Das **„Abwarten"** fördert das Wohlbefinden und die Gesundheit deines Pferdes. Das beginnt mit der Schrittphase nach der Reitstunde, mindestens 10 Minuten solltest du trockenreiten oder -führen. Das sorgt für eine allmähliche Abkühlung, dein Pferd kommt trocken und entspannt in den Stall. Bei warmem Wetter kannst du dein Pferd danach abwaschen. Schmutz und Schweiß werden so besonders gründlich entfernt. Dazu spritzt du die Beine, Hals und Sattellage mit einem Wasserschlauch ab. Oder du nimmst dir einen Schwamm und einen Eimer mit Wasser. Lasse den Rücken des Pferdes beim Waschen aus, da ist es sehr kälteempfindlich. Nach dem Waschen ziehst du dein Pferd mit einem **Schweißmesser** ab. Die Haut an den Fesselbeugen trocknest du am besten mit einem Handtuch ab. Zum Abtrocknen kannst du dein Pferd noch etwas führen oder grasen lassen. Das trockene Pferd wird noch einmal gründlich gestriegelt und gebürstet. Säubere besonders auch den Kopf von Schweißresten. Getrockneter Schweiß im Fell fängt sonst schnell an zu jucken und dann sind Scheuerstellen die Folge.

Auf den Punkt gebracht

- Pferde, die überwiegend auf der Weide gehalten werden, brauchen ihre natürliche Schutzschicht auf der Haut gegen Regen, Wind und Sonne. Intensives Putzen und Waschen zerstört diese Schutzschicht. Deshalb reinigst du hier nur die Hufe und befreist die Sattellage und den Kopf von grobem Schmutz.

Harmonische Partnerschaft zwischen Reiter und Pferd durch gute Ausbildung

7.2 Reitlehre

Am meisten Spaß macht das Reiten auf einem Pferd, das gut mitarbeitet, fleißig und gehorsam ist und dabei auch noch gesund, freundlich und gut erzogen. Doch bis ein Pferd all diese positiven Eigenschaften zeigt, vergehen viele Jahre, in denen es sorgfältig und systematisch ausgebildet wird. Und auch du brauchst einige Jahre Unterricht, bis du wirklich sicher und pferdegerecht reiten kannst. Denn nur eine **qualifizierte Ausbildung** macht eine harmonische Partnerschaft zwischen Mensch und Pferd möglich – egal auf welchem Niveau und in welcher Disziplin. Die **klassische Reitlehre** bietet genau diese qualifizierte Ausbildung, denn sie orientiert sich stets an der Natur des Pferdes.

7.3 Bahnordnung und Hufschlagfiguren

Am Anfang reitest du wahrscheinlich erst einmal in einer geschlossenen Reitbahn. Das kann eine überdachte Halle sein oder ein umzäunter Außenplatz. Viele Reitbahnen haben ein Maß von 20 x 40 m. Die langen Seiten sind 40 m lang, die kurzen Seiten 20 m. Das ist genau das Maß von Dressurvierecken. Es gibt aber auch deutlich größere Reithallen und -plätze. An den Wänden – die der Reiter **Bande** nennt – sind Buchstaben und Punkte angebracht, die Bahnpunkte. Die helfen dir bei der Orientierung und geben die Hufschlagfiguren vor. Hufschläge gibt es in der Reitbahn überall dort, wo „Ganze Bahn", also außen herumgeritten wird. Als **ersten Hufschlag**

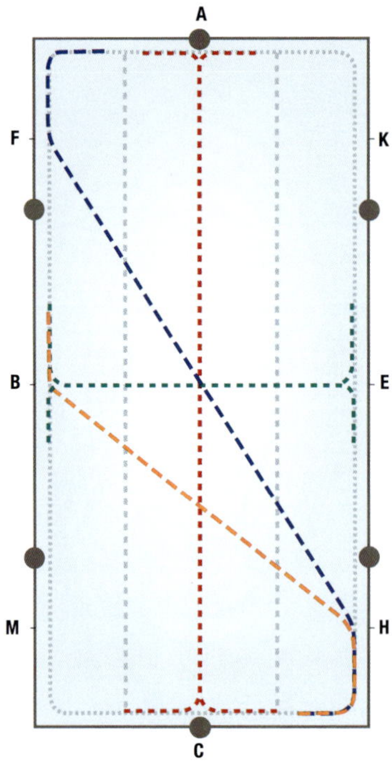

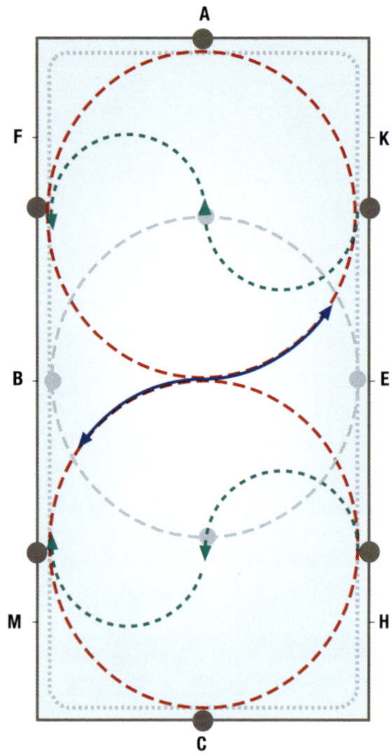

Wechsellinie durch die halbe Bahn = H-B
Wechsellinie durch die ganze Bahn = H-F/bzw. F-H
Wechsellinie durch die Länge der Bahn = A-C/bzw. C-A
Halbe Bahn = B-E/bzw. E-B
Viertellinie = mit jeweils 5 m Abstand parallel zur langen Seite und beidseitig der Mittellinie

Zirkelpunkte
Mittelzirkel
Zirkel
aus dem Zirkel wechseln
durch den Zirkel wechseln

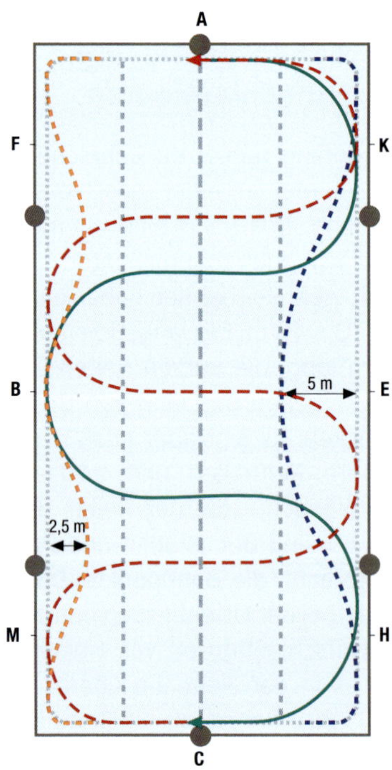

Einfache Schlangenlinie an der langen Seite
Doppelte Schlangenlinie an der langen Seite
Schlangenlinie durch die Bahn, 4 Bögen
Schlangenlinie durch die Bahn, 3 Bögen

bezeichnen wir die Spur direkt an der Bande. Dort reitest du beim Ganze Bahn reiten, im Trab und Galopp und mit deiner Abteilung. Die Bande hilft dir am Anfang, geradeaus zu reiten. Später nimmst du auch immer mal den zweiten oder dritten Hufschlag. Das sind gedachte Linien parallel zum ersten Hufschlag im Bahninneren. Stell dir vor, du reitest mit deinen beiden Freunden nebeneinander. Dann ist das Pferd ganz außen auf dem ersten, das mittlere auf dem zweiten Hufschlag und das ganz innen gehende Pferd auf dem dritten Hufschlag. Zwischen den Hufschlägen ist immer

Abteilungsreiten mit korrekten Abständen

eine Pferdebreite Platz, so kannst du später mit genügend Abstand „durcheinanderreiten". Die Reitbahn wird in der Länge geteilt durch die **Mittellinie.** Auf dieser Linie liegt der Punkt X, er ist sozusagen der Mittelpunkt der Reitbahn und der siebte Zirkelpunkt.

Hufschlagfiguren werden auf gerader oder gebogener Linie geritten.

Zu den geraden Hufschlagfiguren gehören neben der **Ganzen Bahn** auch

- Durch die ganze Bahn wechseln,
- Durch die halbe Bahn wechseln und
- Durch die Länge der Bahn wechseln.

Der Zirkel ist die wichtigste Hufschlagfigur auf gebogener Linie. Doch es gibt noch viele weitere, zum Beispiel:

- Aus dem Zirkel wechseln
- Durch den Zirkel wechseln
- Einfache und doppelte Schlangenlinien
- Schlangenlinien durch die Bahn (3 bis 6 Bögen)
- Aus der Ecke kehrt
- Volten und Kehrtvolten

Hufschlagfiguren sind Arbeitslinien. Sie helfen dir und deinem Pferd, abwechslungsreich zu arbeiten und sorgen für Ordnung in der Reitbahn. Wenn du viele unterschiedliche Bahnfiguren reitest, wechselst du außerdem regelmäßig die Hand – du reitest **Handwechsel.** Das heißt, du reitest gleichmäßig links- und rechtsherum. Das ist wichtig für die Gesundheit deines Pferdes. Und du lernst auch, alle Übungen auf beiden Händen gut zu reiten.

Die ersten Reitstunden finden oft in einer **Abteilung** statt. Dabei gehen etwa vier bis sechs Pferde hintereinander. Der Anfangsreiter führt die Abteilung an. In der Abteilung ist der Sicherheitsabstand ganz wichtig. Versuche immer, **eine Pferdelänge Abstand** zum Pferd vor dir zu halten – etwa 3 m. Wenn du über die Ohren deines Pferdes hinwegschaust, solltest du die Hinterhufe des Pferdes vor dir sehen können. Sonst bist du zu dicht aufgeritten. Dann kann es sein, dass das Pferd vor dir sich erschreckt oder austritt. In der Abteilung wird nach dem **Kommando** des Ausbilders geritten. Diese Kommandosprache ist sehr alt und hört sich deshalb etwas merkwürdig

Stets nach rechts ausweichen – dann klappt auch das Durcheinanderreiten.

an. Zum Antraben sagt der Ausbilder zum Beispiel: „Abteilung – Im Arbeitstempo Trab!". Dabei ist „Abteilung" ein sogenanntes **Ankündigungskommando**. Es gibt dir Zeit, dich und dein Pferd vorzubereiten. „Im Arbeitstempo Trab" ist dann das **Ausführungskommando**. Daraufhin trabst du dein Pferd selbständig an. Zwischen den beiden Teilen des Kommandos lässt der Ausbilder immer eine kleine Pause. Du musst am Anfang noch nicht alle Kommandos kennen. Die werden du und deine Abteilung nach und nach erlernen und von eurem Ausbilder erklärt bekommen.

Von der ersten Reitstunde an ist es aber wichtig, dass du die **Bahnordnung** kennst. Das sind Regeln für das Reiten in der Bahn. Sie stellen sicher, dass ihr euch beim Üben nicht gegenseitig umreitet oder in die Quere kommt. Das dient der Sicherheit und Vermeidung von Unfällen. Deshalb beachtest du die Bahnregeln auch nicht nur in der Reithalle, sondern auch auf anderen Reitplätzen. Die wichtigsten allgemeinen Bahnregeln sind auf Seite 34/35 nachzulesen. Außerdem gelten in vielen Vereinen und Reitschulen noch andere Regeln, die auf die spezielle Situation vor Ort angepasst sind. Die musst du dir von deinem Ausbilder **erklären lassen**.

7.4 Auf geht's in die Reitbahn

Dein Pferd ist sorgfältig geputzt und für die Reitstunde vorbereitet. Du hast es in die Reitbahn geführt und bist dort auf der Mittellinie aufmarschiert. Jetzt heißt es **aufsitzen!** Dazu lässt du auf beiden Seiten die Steigbügel herunter und kontrollierst die richtige Länge. Wenn du deine Fingerspitzen an die Schnalle der Bügel legst, reicht der Steigbügel ungefähr bis in deine Achsel.

Zum Aufsitzen stellst du deinen linken Fuß in den linken Bügel und fasst mit der linken Hand – die auch die Zügel halten – vorn in die Kammer des Sattels. Dann drückst du dich mit dem rechten Fuß hoch und schwingst dein Bein über den Pferderücken. Setze dich vorsichtig in den Sattel und nimm auch den rechten Bügel auf. Am Anfang wird dir dein Ausbilder beim Aufsitzen helfen und dich hochheben.

Passt die Bügellänge?

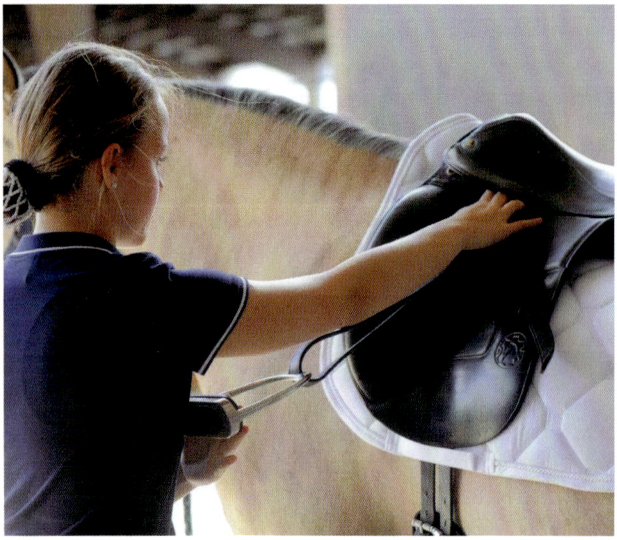

Pferdefreunde sitzen vom Hocker auf.

Später ist es für den Rücken deines Pferdes am besten, wenn du immer von einer **Aufsitzhilfe** aufsitzt.

Jetzt kannst du noch einmal überprüfen, ob die **Bügellänge** passt. Um die Bügel zu verstellen, lässt du den Fuß im Bügel und drehst nur das Knie zur Seite. So kannst du die Länge verändern, ohne aus dem Gleichgewicht zu kommen, wenn dein Pferd doch mal losgeht. Übe das korrekte Verstellen der Bügel am besten von Anfang an. Dann wird es dir bald leichter fallen und zur Gewohnheit werden.

Bevor du losreitest, kontrollierst du noch einmal den Sattelgurt. Zum **Nachgurten** legst du dein Bein mit dem Bügel über das Sattelblatt und nimmst mit der Hand das Sattelblatt hoch. Dann ziehst du die einzelnen Gurtstrupfen zu dir hoch und hast dabei den Zeigefinger auf dem Dorn der Gurtschnalle. So kannst du fühlen, ob der Dorn in das nächste Loch rutscht. Achte darauf, dass du immer auf beiden Seiten gleichmäßig nachgurtest. Bei einem **Kurzgurt** bleibt das Bein am Pferdebauch, wird nur etwas nach hinten genommen. Dann beugst du dich nach unten und gurtest nach. Da das Nachgurten zu Beginn eine etwas wackelige Angelegenheit sein kann, lasse dir dabei am besten erst einmal helfen.

Zum **Absitzen** nimmst du beide Füße aus den Bügeln. Dann lehnst du den Oberkörper nach vorn und holst Schwung, mit dem du nach links abspringst. Keine Sorge – auch hier ist noch kein Meister vom Himmel gefallen. Mit jeder Reitstunde wird dir das Auf- und Absitzen leichter fallen, bis es irgendwann ganz selbstverständlich ist. Schiebe die Bügel hoch, schnalle die Hilfszügel aus und nimm die Zügel über den Hals, bevor du die Reitbahn verlässt.

Übe das korrekte und sichere Verstellen der Bügel von Anfang an.

Dein Ausbilder hilft beim Nachgurten.

Der Ausbildungsweg des Reiters

7.5 Der Sitz des Reiters

Sicherlich hast auch du Idole im Reitsport. Bei ihnen sieht alles so mühelos und leicht aus. Doch sei beruhigt, auch die besten Reiter der Welt haben einmal ganz klein angefangen und sich ihr Können hart erarbeitet. Die Grundlage für gutes Reiten bildet der Sitz des Reiters. Nur aus einem geschmeidigen Sitz heraus kannst du feine und gut abgestimmte Hilfen geben. Es gibt einen **Ausbildungsweg des Reiters**, der genau beschreibt, wie du schrittweise zu immer mehr Harmonie mit deinem Pferd kommst.

Hier kannst du sehen, dass am Anfang erst einmal dein **Gleichgewicht** und deine **Losgelassenheit** stehen. Du musst lernen, den Bewegungen deines Pferdes zu folgen und dich somit immer wieder auszubalancieren. Dazu ist es hilfreich, wenn du möglichst viele unterschiedliche Bewegungen auf dem Pferd erfahren kannst - und dich so in vielen unterschiedlichen Situationen mit deinem Pferd im Gleichgewicht bewegst. Denn wenn du immer nur bemüht bist, dich auf dem Pferd auszubalancieren, dann wirst du dich nicht auch noch um Dinge wie Weg, Tempo oder Gangart kümmern können. Die Losgelassenheit hängt dabei eng mit dem Gleichgewicht zusammen. Du lernst beim Reiten, das richtige Maß an Körperspannung zu halten: also aufrecht und gleichzeitig entspannt zu sitzen. Weder ein total schlaffer noch ein sehr angespannter, verkrampfter Reiter ist angenehm für das Pferd. Gezielte Übungen, zum Beispiel an der Longe, helfen dir, die goldene Mitte zu finden.

Das Reiten mit dem Gurt ist gut für das Gleichgewicht.

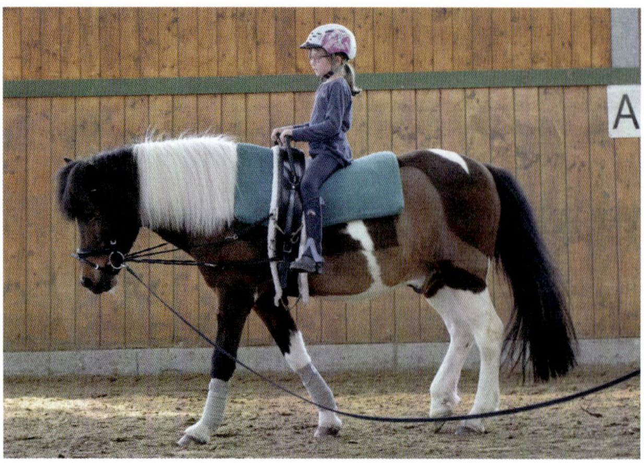

Beim Reiten geht es vereinfacht ausgedrückt darum, über einen längeren Zeitraum in einer bestimmten Körperhaltung den Bewegungen des Pferdes zu folgen. Das braucht Ausdauer, Beweglichkeit, Koordination und Kraft. Wenn du merkst, dass du an manchen Stellen große Probleme hast, dann

Viele Reiterfahrungen sammelst du am besten erst einmal mit dem Gurt.

hilft **Ausgleichs-** und **Ergänzungssport**. Mit Joggen, Schwimmen oder Radfahren lässt sich die Ausdauer verbessern. Gymnastik, Yoga oder Pilates helfen deiner Beweglichkeit und Koordination. Und mit Krafttraining kannst du die Muskeln aufbauen, die du zum Reiten besonders brauchst. Das sind vor allem die Bauch- und Rückenmuskeln. Damit tust du auch deinem Pferd einen großen Gefallen.

In deinen ersten Reitstunden wirst du bestimmt auf einem Pferd mit **Voltigiergurt** sitzen. Das ist ein stabiler Gurt, der zwei große Griffe hat. Es gibt aber auch Gurte, die nur einen großen Griff mittig haben. Daran kannst du dich jederzeit festhalten. Dein Ausbilder führt dich dabei. So machst du die ersten Bewegungserfahrungen am **Führzügel** ohne Bügel, ohne Zügel und ganz nah am Pferderücken. Die Bewegungen des Pferdes werden so direkt übertragen und erleichtern dir das Ausbalancieren. Idealerweise nimmt dein Ausbilder dich schon jetzt einmal mit nach draußen, lässt dich über kleine Hügel oder Wellen reiten oder dreht mit dir eine kleine Runde um den Hof. Wenn du dich überall sicher ausbalancieren kannst und dich an die Bewegungen des Pferdes gewöhnt hast, lernst du schrittweise auch die anderen Gangarten deines Pferdes kennen – am Anfang über kurze Strecken am Führzügel, später dann vor allem an der **Longe**. Wenn du mit dem Gurt überall und in allen Gangarten gut in die Bewegungen eingehen kannst, bist du bereit für den Sattel. So legt das Reiten mit Gurt einen ersten Grundstein für eine sichere Sitzgrundlage.

Für jede Situation: verschiedene Sitzformen

Aus einer ausbalancierten und losgelassenen **Sitzgrundlage** heraus kannst du später sowohl im Dressursitz als auch im leichten Sitz sicher und geschmeidig reiten. Dabei sitzt du gleichmäßig auf beiden **Gesäßknochen** in der Mitte des Sattels. Dein **Becken** ist das „Bewegungszentrum" und ermöglicht dir ein geschmeidiges Mitschwingen in der Mittelpositur. Deinen **Oberkörper** hältst du unverkrampft aufrecht, nah an der Senkrechten. Den **Kopf** trägst du frei und blickst immer dorthin, wohin du reiten möchtest. Die **Oberarme** liegen locker am Körper, der Ellbogen ist angewinkelt, die **Zügelfäuste** stehen aufrecht

Aufrecht, gestreckt und geschmeidig – so sieht der Dressursitz aus.

etwa eine Handbreit über dem Widerrist des Pferdes. Dein Bein liegt mit Oberschenkel, Knie und Wade leicht am Pferd an, ohne zu klemmen. Den Bügel hast du an der breitesten Stelle aufgenommen, das **Fußgelenk** federt die Bewegungen des Pferdes ab.

Für den **Dressursitz** schnallst du deine Bügel etwas länger. Nimm im Halten beide Füße aus den Bügeln. Wenn deine Knöchel auf Höhe der Trittflächen sind, passt das Bügelmaß.

Im **Dressursitz** kannst du noch **tiefer** im Pferd sitzen und es mit deinen Hilfen einrahmen. Eine gedachte Linie über Ohr-Schulter-Hüfte-Absatz dient als Orientierung. Trotzdem ist auch der Dressursitz nicht starr oder steif, das Anpassen an die Bewegungen des Pferdes ist nur feiner. Deshalb sieht der Dressursitz von unten beobachtet immer sehr ruhig aus.

Der **leichte Sitz** ist für viele unterschiedliche Situationen wichtig. Du brauchst ihn vor allem für das Springen und das Reiten im Gelände. Dort sind die Bewegungen des Pferdes vielfältiger. Aus dem leichten Sitz heraus, kannst du dich an jede Situation anpassen. Für den leichten Sitz schnallst du deine Bügel erst einmal kürzer. Zwischen **3 und 6 Löcher** dürfen es schon sein. Je kürzer der Bügel, desto stärker kannst du den Pferderücken entlasten. Dein Gewicht nimmst du aus dem Sattel und verlagerst es in die Steigbügel. So kann dein Pferd seinen Rücken freier bewegen. Stell dir vor, du wolltest dich **hinhocken**: dein Oberkörper kommt tiefer an den Pferdehals, dein Gesäß weiter nach hinten in Richtung Sattelkranz. Deinen Unterschenkel legst du etwas weiter nach vorn, deine Zehe bleibt immer vor dem Knie. So bleibst du **nah am Pferd**. Das ist wichtig für

Im leichten Sitz über einen Hügel

dein Gleichgewicht. Wie weit du in die Hocke gehst, hängt davon ab, was du gerade mit dem Pferd machst. Beim lockeren Galoppieren zu Beginn der Reitstunde entlastest du nur ein wenig den Pferderücken, mitten über einem Hindernis duckst du dich ganz nah ans Pferd und entlastet am deutlichsten.
Dabei ist dein Sitz nie statisch, sondern immer elastisch und beweglich. Egal, ob du im leichten Sitz, im Dressursitz oder mit einem Gurt reitest, das **Eingehen in die Bewegung** ist immer wichtiger als die äußere Form. Aus einem guten Sitz heraus kannst du den Bewegungen deines Pferdes folgen, ohne dich zu verkrampfen. Du verschmilzt quasi mit den Bewegungen deines Pferdes zu einer Einheit und wirst damit für dein Pferd angenehm zu tragen.

7.6 Die reiterliche Einwirkung

Schon sehr bald merkst du, dass dein Sitz die Bewegungen deines Pferdes beeinflussen kann. Das wird **Einwirkung** des Reiters genannt. Die Einwirkung erfolgt über die **Hilfengebung.** Hilfen sind sozusagen die Verständigung zwischen Reiter und Pferd. Richtig angewendet versteht dein Pferd, was du möchtest und reagiert entsprechend. Die Hilfen werden stets sehr fein und behutsam gegeben, denn Pferde sind sehr sensible Tiere. Sie reagieren schon auf kleine Veränderungen in deinem Körper. Vor allem ist dein Pferd immer bemüht, im Gleichgewicht zu bleiben - so wie du auch. Dazu bringt es seinen Schwerpunkt immer unter den des Reiters. Verlagerst du also dein Gewicht nach links, wird auch dein Pferd nach links

Gewichtshilfen	Hilfengebung	Wirkung	Einsatz
beidseitig belastend	• Becken nach hinten kippen • Anspannen der unteren Bauch- und Rückenmuskulatur • mehr Belastung auf die Sitzbeinhöcker • Oberkörper maximal bis zur Senkrechten	• aus passivem Mitschwingen wird kurzzeitig aktives Unterstützen	• Übergänge • Rückführung nach Verstärkungen • Halten • halbe Paraden
einseitig belastend	• Gewicht vermehrt auf inneren Gesäßknochen • innere Hüfte vor • inneres Knie tief	• veranlasst das Pferd, in Richtung unter das Reitergewicht zu treten	• Reiten von gebogenen Linien und Wendungen • im Galopp • in Seitengängen
entlastend	• Oberkörper leicht nach vorn • Gewicht vermehrt in Steigbügel	• verändert die Gewichtsverteilung auf dem Pferderücken • Reiter folgt der Vorwärtsbewegung • fördert Beweglichkeit des Pferderückens	• nach beidseitiger Gewichtshilfe • in der lösenden Arbeit • bei jungen Pferden • bei Verstärkungen • zum Rückwärtsrichten

Schenkelhilfen	Hilfengebung	Wirkung	Einsatz
vorwärtstreibend	• liegt am Gurt • kurzes Anspannen der hinteren Oberschenkelmuskeln bringt Wade vermehrt ans Pferd	• Impuls zu vermehrter Vorwärtsbewegung	• als Bestandteil der halben Parade • bringt das Pferd dazu, vermehrt an die Hand heranzutreten • Erhalt und Förderung von Schwung und Tempo
vorwärts-seitwärts-treibend	• liegt knapp hinter dem Gurt • einseitig innen vorwärtstreibend	• inneres Hinterbein tritt vorwärts-seitwärts	• Schenkelweichen • Förderung der Längsbiegung
verwahrend	• liegt eine Handbreit hinter dem Gurt • nach Bedarf aktiv treibend oder eher passiv einrahmend	• begrenzt die Hinterhand • unterstützt den inneren Schenkel • Teil der diagonalen Hilfengebung	• äußerer Schenkel auf allen gebogenen Linien • in Wendungen • bei Seitengängen • beim Schenkelweichen

Wenn alle Hilfen aufeinander abgestimmt sind, sind auch Wendungen kein Problem.

gehen. Damit wirken **Gewichtshilfen** immer erst einmal richtungsweisend. Du brauchst deine Gewichtshilfen zum Beispiel für das Reiten von gebogenen Linien wie Zirkeln und Schlangenlinien, aber auch für Übergänge, also dem Wechsel von einer Gangart in die andere. Deine **Schenkelhilfen** sorgen vor allem für die Vorwärtsbewegung, später dann auch für die Seitwärtsbewegung, zum Beispiel beim Schenkelweichen. Damit wirken sie immer treibend und aus der flach am Pferdebauch anliegenden Wade heraus. Gewichts- und Schenkelhilfen gelten als **vortreibende Hilfen**. Als Ergänzung dazu gibt es noch die **Zügelhilfen**. Die benutzt du immer nur in Verbindung mit den vortreibenden Hilfen. Wenn du zum Beispiel auf einem Zirkel reiten möchtest, bringst du erst dein Gewicht in diese Richtung, treibst mit deinem inneren Schenkel und nimmst dann erst den inneren Zügel leicht an,

Zügelhilfen	Hilfengebung	Wirkung	Einsatz
nachgebend	• Ausdrehen der leicht eingedrehten Faust • Vorgehen der Faust in Richtung Pferdemaul	• Verbesserung der Anlehnung und Selbsthaltung • nach annehmender oder aushaltender Zügelhilfe	• bei allen halben und ganzen Paraden • bei Übergängen • zur Verbesserung der Selbsthaltung und Anlehnung
annehmend	• Eindrehen der Zügelfaust oder vermehrtes Schließen der Faust	• führt Tempo zurück • immer im Wechselspiel mit nachgebenden Zügelhilfen	• bei allen halben und ganzen Paraden • bei Übergängen • zur Verbesserung der Selbsthaltung und Anlehnung
aushaltend	• Herantreiben an die geschlossene Hand	• schließt das Pferd vermehrt in die Hilfen ein	• bei allen halben und ganzen Paraden • bei Übergängen • zur Verbesserung der Selbsthaltung und Anlehnung
verwahrend	• Der äußere Zügel geht so weit vor, wie der innere zur Stellung angenommen wurde.	• begrenzt die äußere Schulter • sichert die Lage des Gebisses im Pferdemaul	• auf allen gebogenen Linien • in Wendungen • bei Seitengängen • im Galopp
seitwärtsweisend	• Die innere Hand wird einige Zentimeter vom Hals weg in Richtung der Wendung geführt.	• führt das Pferd in die Wendung • unterstützt Stellung im Genick	• bei jüngeren Pferden • bei Wendungen • Einleitung von Zügel-aus-der-Hand-kauen-Lassen oder Kurzkehrtwendung

um dein Pferd auf die Linie einzustellen. Die Länge der Zügel ist für feine Hilfen wichtig: musst du den Arm bewegen, um Zügelhilfen zu geben, ist der Zügel zu lang. Zwischen dem Maul deines Pferdes und deiner Hand sollte eine gerade Linie als Verbindung bestehen. Besteht diese nicht, musst du dein **Zügelmaß** korrigieren.

Die Hilfen – Gewichts-, Schenkel- und Zügelhilfen – erlernst du zunächst einmal einzeln. Später wird es dir immer besser gelingen, deine Hilfen zu kombinieren. Wir sprechen dabei auch vom **Zusammenwirken der Hilfen.** Du entwickelst ein **Gefühl** für den richtigen Zeitpunkt und die richtige Dosierung deiner Hilfen und wirst mit deinem Pferd zu einer harmonischen Einheit. Denke dabei stets daran, dass die treibenden Hilfen vorherrschen. Deine Zügel sollen die Bewegungen deines Pferdes nur begleiten und nicht behindern. Ziel der Reitausbildung ist die harmonische, fast unsichtbare Verständigung zwischen Reiter und Pferd.

So sitzen die Sporen richtig.

Das kann nur gelingen, wenn die einzelnen Hilfen sinnvoll zusammenwirken – so, wie die einzelnen Instrumente in einem Orchester. Dann fühlt sich das Pferd unter dem Reiter wohl.

Hilfsmittel unterstützen deine Einwirkung, dürfen sie aber nicht ersetzen. Versuche immer, erst einmal nur deine Hilfe anzuwenden und dann, sollte etwas nicht klappen, im zweiten Versuch deine Hilfen und ein Hilfsmittel einzusetzen. Zu den Hilfsmitteln zählen Gerte, Sporen und Stimme.

Die **Gerte** unterstützt deine vortreibenden Hilfen. Sie wird als Dressurgerte hinter dem Schenkel eingesetzt, als Springgerte an der Schulter des Pferdes. Übe, die Gerte mal mit der linken und mal mit der rechten Hand zu führen.

Sporen verfeinern die Schenkelhilfen. Nur Reiter mit einem ruhigen und ausbalancierten Sitz dürfen Sporen verwenden. Der Sporen wird immer so verschnallt, dass der Dorn waagerecht oder nach unten zeigt. Ein nach oben zeigender Dorn kann die empfindliche Haut des Pferdes leicht verletzen.

Die **Stimme** wirkt entweder auffordernd oder beruhigend, je nach Situation. Zum Auffordern kannst du mit der Zunge schnalzen. Zum Beruhigen hilft ein „Braaaaav!" mit tiefer Stimmlage. Verwende deine Stimmhilfen immer nur dezent, denn sie könnten andere Pferde und Reiter stören.

Loben

Loben zeigt deinem Pferd, dass es eine Aufgabe gut gemeistert hat oder dass alles in Ordnung ist. Damit ist Loben ein besonders wichtiges Mittel zur Kommunikation zwischen dir und deinem Pferd. Loben schafft Vertrauen. Allerdings braucht dein Pferd das Lob sofort nach einer gut gelungenen Übung. Nur dann kann es das Lob mit der Aufgabe verknüpfen. Loben kannst du dein Pferd entweder mit der Stimme oder noch besser durch eine Berührung. Dazu nimmst du die Zügel in eine Hand und klopfst das Pferd am Hals oder hinter dem Sattel. Auch das Zügel-aus-der-Hand-kauen-Lassen kann bereits eine positive Verstärkung sein – ebenso wie das Nachgeben der Zügel generell.

Regelmäßiger Reitunterricht beugt Sitz- und Einwirkungsproblemen vor.

7.7 Sitz- und Einwirkungsprobleme: Aller Anfang ist schwer

Ausbalanciert und losgelassen zu Pferde sitzen, geschmeidig in die Bewegung eingehen und dabei auch noch gefühlvoll im richtigen Moment in der richtigen Dosierung die richtigen Hilfen geben – wer träumt nicht davon, so gut reiten zu können wie Jessica von Bredow-Werndl oder Michael Jung? Reiten ist ein sehr anspruchsvoller Sport, weil er sehr komplex ist und ganz viel Koordination erfordert. Kein Wunder also, dass es bei vielen Reitern immer wieder an der einen oder anderen Stelle zu Schwierigkeiten kommen kann.

Fast alle Sitzprobleme entstehen, weil der Reiter noch nicht gut ausbalanciert und losgelassen sitzt. Manchmal sind es auch äußere Faktoren wie Sattel, Bügellänge oder ein ungeeignetes Pferd. Neigt ein Reiter beispielsweise zum **Stuhlsitz**, fällt es ihm schwer, sein Gleichgewicht zu halten und er hat oft zu wenig positive Körperspannung. Dann liegt der eigene Körperschwerpunkt hinter dem des Pferdes, der Unterschenkel rutscht nach vorn, Knie und Absatz werden hochgezogen, oft kommt auch der Oberkörper hinter die Senkrechte. Mit einem solchen Sitz ist gefühlvolles Einwirken nicht möglich. Der Reiter muss zunächst erfühlen, wo der tiefste Punkt des Sattels ist, um seinen Schwerpunkt mit dem des Pferdes in Einklang bringen zu können.

Das Gegenteil vom Stuhlsitz ist der **Spaltsitz**. Hierbei kippt der Oberkör-

Reiten ohne Bügel

Reiten im Gelände verbessert das Gleichgewicht.

per zu weit nach vorn, der Unterschenkel rutscht zurück und der Reiter klemmt mit dem Oberschenkel. Der Reiter sitzt eher über dem Pferd, statt tief und geschmeidig im Sattel. Ein ausgeprägter Spaltsitz ist für das Pferd sehr unangenehm, weil der Reiter wie eine Wäscheklammer auf dem Rücken klemmt. Das Reiten in unterschiedlichen Sitzformen mit unterschiedlichen Bügellängen kann hier helfen, wieder ins Gleichgewicht zu finden.

Auch wenn du eine **Sitzschiefe** hast, ist meistens dein Gleichgewicht noch nicht gut genug gefestigt. Du sitzt nicht mittig im Sattel, sondern knickst in der Hüfte ein, die Schultern sind dann unterschiedlich hoch. Besonders die einseitigen Gewichtshilfen leiden unter dem schiefen Sitz - das sieht man deutlich auf dem Zirkel oder im Galopp. Es gibt eine Reihe an Übungen, die dir helfen, wenn du schief im Sattel sitzt.

Auch im leichten Sitz treten diese Sitzprobleme auf. Allerdings heißen sie dann nicht Stuhl- und Spaltsitz, sondern „vor oder hinter der Bewegung". **Vor der Bewegung** ist der leichte Sitz immer ein unsicherer Sitz, weil du dein Pferd nicht mehr vor dir hast und schneller herunterfallen kannst, wenn dein Pferd stolpert oder wegspringt. Sitzt du **hinter der Bewegung,** kommst du nicht genügend in der Bewegung des Pferdes mit und bleibst am Sprung leicht in den Zügeln hängen. Wenn du oft im leichten Sitz mit unterschiedlichen Bügellängen reitest, wirst du sicherer und geschmeidiger. Auch Reiten über Cavaletti und im Gelände verbessert dein Gleichgewicht.

Um also dein Sitzproblem an der Wurzel zu packen, sind Übungen zur **Gleichgewichtsschulung** und Förderung der Losgelassenheit sinnvoll - entweder durch Sitzschulung an der Longe oder beim freien Reiten. Auch das **Reiten ohne Bügel** kann dir helfen, das Gefühl für die eigene Körpermitte zu verbessern. Zur Schulung des leichten Sitzes und Förderung des Gleich-

gewichts, sind neben der Sitzschulung an der Longe mit unterschiedlicher Bügellänge auch **Gymnastikreihen** und das **Reiten im Gelände** zu empfehlen.

Regelmäßiger Reitunterricht ist der beste Weg zu einem korrekten und sicheren Sitz!

Die Sitzschulung an der Longe hilft bei Sitzproblemen.

Fleißig und gelassen im Mittelschritt

8 Reiten der Grundgangarten: Immer schön im Takt

Jedes Pferd ist von Natur aus mit **drei Grundgangarten** ausgestattet: Schritt, Trab und Galopp. Im Schritt wandert es grasend über die Steppe, im Trab reist es zum Beispiel über eine längere Strecke zur nächsten Wasserstelle und im Galopp flieht es vor Fressfeinden. Dabei gibt es in den Gangarten noch unterschiedliche Tempi – je nachdem, wie lang und raumgreifend die Bewegungen sind. Um gut und sicher einwirken zu können, ist es wichtig, dass du die Abläufe der einzelnen Bewegungen kennst.

Der **Schritt** ist ein Viertakt mit acht Phasen. Es sind immer zwei oder drei Hufe am Boden. Das Pferd schreitet gelassen, aber fleißig. Im Schritt gibt es die Tempi Mittelschritt, starker Schritt und versammelter Schritt. In den Prüfungen zum RA 10 bis 6 wird nur Mittelschritt geritten. Die anderen Tempi kommen dazu, wenn du und dein Pferd schon weiter fortgeschritten sind.

Wenn du **Mittelschritt** reitest, sind deine Zügel etwas länger als im Trab oder Galopp. Du gehst mit deiner Hand in Richtung Pferdemaul vor. Dann kann dein Pferd den Hals etwas mehr dehnen. Man sagt: „Die Hand lässt den Schritt zu." Der Hals dehnt sich nach vorwärts-abwärts und der Kopf zeigt eine **Nickbewegung**. Mit deinen Schenkeln treibst du wechselseitig das jeweils vortretende Hinterbein. Lasse dein Pferd immer aktiv schreiten und nicht bummeln. Die Hinterhu-

fe sollen über die Spur der Vorderhufe hinwegfußen. Dein Becken folgt nur der Bewegung, deutliches Schieben ist für dein Pferd unangenehm.
Der **Trab** ist ein Zweitakt mit vier Phasen. Es fußt jeweils das diagonale Beinpaar gleichzeitig nach vorn. Also: vorn links und hinten rechts - **Schwebephase** - vorn rechts und hinten links - Schwebephase. In der Schwebephase ist kein Huf am Boden. Darum ist der Trab eine schwunghafte Gangart. Bei einem guten Trab sind Takt, Schwung und Raumgriff zu erkennen. Das Pferd trabt energisch und aktiv vorwärts. Die Tempi im Trab sind Arbeitstrab, Mitteltrab, versammelter Trab und starker Trab. In den Prüfungen zum RA 10 bis 6 wird nur der Arbeitstrab geritten. Die anderen Tempi kommen dazu, wenn du und dein Pferd schon weiter fortgeschritten sind.
Im **Arbeitstrab** fußen die die Hinterhufe mindestens in die Spur der Vorderhufe. Wenn du Trab reitest, kannst du entweder leichttraben oder aussitzen. Beim **Leichttraben** lernst du, den Takt des Trabs zu erfühlen. Du sitzt immer einen Trabtritt aus und nimmst im nächsten dein Gesäß aus dem Sattel. Im Aussitzen kannst du dein Pferd dann mit deiner Schenkelhilfe unterstützen. Dieser Wechsel aus Einsitzen und Aufstehen gelingt dir mit etwas Übung bald rhythmisch und fließend. Dann ist das Leichttraben tatsächlich leicht, strengt dich nicht sehr an und ist auch für das Pferd angenehmer, weil du dich besser den Bewegungen anpasst. Beim Reiten in der Bahn trabst du auf dem **„richtigen Fuß"** leicht. Das heißt, immer wenn die äußere Schulter deines Pferdes vorgeht - und damit auch das innere Hinterbein - stehst du auf. So kannst du mit deinem inneren Schenkel das innere Hinterbein unterstützen. Wird ein Handwechsel durchgeführt, machst du auch einen **„Fußwechsel"**. Dazu sitzt du um - bleibst also zwei Trabtritte im Aussitzen, bevor du wieder in den Rhythmus des Leichttrabens übergehst. Vergisst du das **„Umsitzen"**, sagt dein Ausbilder: „Du trabst auf dem falschen Fuß."
Das **Aussitzen** ist schon schwieriger, denn dabei bleibst du bei jedem Trabtritt mit deinem Gesäß im Sattel. Du brauchst eine gute Körperspannung, um aufrecht, geschmeidig und trotzdem unverkrampft mitschwingen zu können. Die Bewegungen des Pferdes werden über das Becken aufgenommen, die Schenkel liegen ruhig am Pferdebauch, die Hände stehen über dem Widerrist. Besonders die ruhige Hand, die sich unabhängig vom Körper bewegt, ist ganz wichtig: unruhige Hände stören das empfindliche Maul des Pferdes. Du wirst das Aussitzen schrittweise erlernen, sei also unbesorgt, wenn es nicht auf Anhieb funk-

Schwungvoll im Arbeitstrab

Galopp ist die schönste Gangart!

tioniert. Durch den Wechsel zwischen Leichttraben und Aussitzen kannst du immer längere Strecken geschmeidig und tief im Sattel Platz nehmen.

Der **Galopp** ist ein Dreitakt mit sechs Phasen. Dabei bewegt sich dein Pferd in einer Folge von aneinandergereihten Galoppsprüngen. Zwischen den Sprüngen gibt es eine Schwebephase, so wie im Trab. In dieser Schwebephase ist kein Pferdebein am Boden. Deshalb ist auch der Galopp eine schwunghafte Gangart. Ein guter Galopp ist durch einen klaren Takt und energisches Abfußen zu erkennen. Außerdem kann das Pferd im **Linksgalopp** und im **Rechtsgalopp** galoppieren, je nachdem, welches seitliche Beinpaar weiter vorfußt. Wenn du auf der linken Hand im Linksgalopp reitest, bist du im **Handgalopp.** Reitest du auf der linken Hand im Rechtsgalopp, ist dein Pferd falsch angaloppiert oder umgesprungen. Dann musst du den Galopp korrigieren. Es gibt die Tempi Arbeitsgalopp, Mittelgalopp, versammelter Galopp und starker Galopp. In den Prüfungen zum RA 10 bis 6 wird nur Arbeitsgalopp geritten. Die anderen Tempi kommen dazu, wenn du und dein Pferd schon weiter fortgeschritten sind.

Wenn du dich erst einmal an das Galoppieren gewöhnt hast, ist der Bewegungsablauf für die meisten Reiter angenehmer zu sitzen als der Trab. Das Pferd bewegt sich runder, weicher und harmonischer und nimmt dich besser mit. Damit du dein Pferd im **Arbeitsgalopp** gut unterstützen kannst, sitzt du in die Bewegungsrichtung. Das heißt, wenn du auf der linken Hand galoppieren möchtest, bringst du deine linke Hüfte etwas vor und nimmst deine linke Schulter leicht zurück. Dann ist es für dein Pferd leichter, sein Gleichgewicht und damit auch den Galopp zu halten. Mit ein bisschen Übung wirst du schnell merken, dass der Galopp die schönste Gangart ist.

8.1 Grundübungen im dressurmäßigen Reiten

Damit du im Laufe deiner Ausbildung alles lernst, was ein guter Reiter braucht, gibt es in *Grundausbildung für Reiter und Pferd, Richtlinien für Reiten und Fahren, Band 1* die Grundübungen. Sie sind sozusagen das kleine 1x1 des richtigen Reitens und aus ihnen setzt sich jede Reitstunde zusammen. Dabei gibt es die Grundübungen für die Dressur, aber auch für das Springen und das Reiten im Gelände. Denn das Ziel ist immer eine **vielseitige Grundausbildung.** In den ersten Jahren ist es am besten, wenn du möglichst alle Facetten des Reitsports kennenlernst - Dressur, Springen, Gelände. Dann bist du gut gerüstet für alle Situationen und Herausforderungen, wirst sattelfest und sicher und kannst dann selbst entscheiden, welche Disziplin dir am besten gefällt. So stellen die Grundübungen eine Art Fahrplan für deine reiterliche Ausbildung dar, denn sie sind immer nach dem Grundsatz „vom Leichten zum Schweren" aufgebaut und reihen sich systematisch aneinander.

Das Pferd wird im Schritt an die Hilfen gebracht.

Dies sind die wichtigsten Grundübungen:

Abstimmung der Hilfen

Was?

Nach dem Schrittreiten zu Beginn der Reitstunde bringst du dein Pferd an die Hilfen. Das ist sozusagen die Ausgangsposition für alle weiteren Übungen.

Wie?

Dazu treibst du es mit deinen Gewichts- und Schenkelhilfen von hinten nach vorn an die weiche Hand heran. Den Zügel lässt du dabei kürzer werden, bis dein Pferd **am Zügel** steht. Es gibt im Genick nach und nimmt alle deine Hilfen leicht an.

Wichtig!

Stelle dir vor, dein Pferd **zwischen deinen Hilfen einzurahmen.** Die Stirn-Nasenlinie deines Pferdes bleibt immer an oder leicht vor der Senkrechten. Jetzt seid ihr startklar.

Halbe Paraden

Was?

Halbe Paraden sind das Mittel zur Kommunikation zwischen dir und deinem Pferd. Dabei sind sie vor allem in der **Vorbereitung** wichtig: Sie machen dein Pferd aufmerksam, wenn du zum

Beispiel einen Übergang oder eine Hufschlagfigur reiten möchtest.

Wie?

Für eine gute halbe Parade brauchst du **alle Hilfen**. Zuerst treibst du dein Pferd mit deinen Gewichts- und Schenkelhilfen deutlicher an die ruhige Hand heran. Der Zügel ist annehmend oder aushaltend. Nimmt dein Pferd die Parade an, kommst du mit der Hand sofort zum Nachgeben. Das ist quasi die Belohnung für dein Pferd.

Wichtig!

Halbe Paraden richtig zu reiten ist sehr komplex und braucht viele Jahre Übung und Erfahrung. Merke dir aber, dass du zum Parieren immer **alle Hilfen** brauchst. Eine Parade besteht niemals nur aus einer Zügelhilfe. Vielmehr möchtest du mit allen Hilfen die Aufmerksamkeit deines Pferdes erhöhen, damit es dir sicher folgt und gut zuhört.

Reiten von Übergängen

Was?

Das Reiten von Übergängen ist ein wichtiger **Prüfstein** für deine Ausbildung. Wenn du fließende und geschmeidige Übergänge zwischen den Gangarten reiten kannst, bist du schon ein großes Stück auf deinem Ausbildungsweg vorangekommen.

Erst einmal reitest du vor allem Übergänge von einer Gangart in eine andere – also zum Beispiel vom Arbeitstrab zum Arbeitsgalopp. Später kommen noch die Übergänge innerhalb einer Gangart dazu. Diese Übergänge werden auch Tempounterschiede genannt, weil du zum Beispiel vom Arbeitstrab zum Mitteltrab wechselst. Besonders anspruchsvoll sind dann noch die Übergänge, die eine Gangart überspringen: Angaloppieren aus dem Schritt und Halten aus dem Trab gehören schon zur fortgeschrittenen Ausbildung.

Wie?

Alle Übergänge werden zunächst mit halben Paraden vorbereitet. Du nutzt deine vortreibenden Gewichts- und Schenkelhilfen und den aushaltenden oder annehmenden Zügel, um dein Pferd aufmerksam zu machen. Nimmt es die Parade an, kommt die Hand sofort zum Nachgeben. Zum **Antraben aus dem Schritt** gibst du mit deiner Wade am Pferdebauch einen Impuls zum Antraben. Ein leichtes, beidseitiges Anlegen der Schenkel mit kurzem Anspannen der Rumpfmuskulatur sollte ausreichen. Reagiert dein Pferd nicht auf die feine Hilfe, kannst du den Impuls zum Antraben mit der Gerte verstärken. Zum Durchparieren aus dem Trab zum Schritt richtest du dich im Oberkörper etwas mehr auf und nutzt wieder die halben Paraden zur Vorbereitung. Nimmt dein Pferd die Parade an und pariert zum Schritt, wird die Hand sofort wieder leicht und folgt dem Pferdemaul.

Zum **Angaloppieren aus dem Trab** wählst du eine Zirkellinie. Dann ist es leichter, den Handgalopp zu finden, weil dein Pferd schon gebogen ist. Du schiebst deine innere Hüfte etwas vor und bringst dein Gewicht mehr auf den inneren Gesäßknochen. So sitzt du in die Bewegungsrichtung und verhinderst ein falsches Angaloppieren. Dein innerer Schenkel treibt am Gurt, der äußere liegt begrenzend eine Handbreit hinter dem Gurt. Beide Schenkel geben gemeinsam den Impuls zum Angaloppieren, die innere Hand muss gleich den ersten Galoppsprung herauslassen – also nachgeben. Stell dir vor, bei jedem Galoppsprung neu angaloppieren zu wollen, dann bleibt der Galopp rhythmisch und energisch. Wenn du vom Galopp in den Trab durchparieren möchtest, setzt du dich wieder ganz aufrecht und bereitest das Durchparieren mit halben Paraden vor. Im Übergang wird die Hand leicht und lässt die Trabbewegung heraus.

Wichtig!
Stelle dir in allen Übergängen vor, die neue Gangart bewusst beginnen zu wollen und nicht die gerittene Gangart zu beenden. Wenn du also vom Galopp in den Trab durchparierst, nimm dir vor, gleich einen frischen Arbeitstrab zu reiten und denke nicht an „abbremsen". Dann fällt es dir leichter, aktiv in die neue Gangart hineinzureiten. Das ist wichtig für fließende und harmonische Übergänge.

Geschlossenes Halten

Ganze Parade

Was?
Auch die ganze Parade ist im weitesten Sinne ein Übergang. Sie kann aus allen Gangarten geritten werden und führt immer zum **Halten**. Das Halten erfolgt dabei immer auf einer geraden Linie.

Wie?
Auch die ganze Parade wird immer mit **mehreren halben Paraden** vorbereitet. Nimmt dein Pferd die halben Paraden an, lässt du beide Zügel weich anstehen und treibst mit Gewichts- und Schenkelhilfen an die ruhige und tiefe Hand heran. Somit führt die letzte halbe Parade dann zum Halten. Nimmt dein Pferd die anstehende Hand noch nicht gut an, kannst du mit der Hand auch kurz annehmend einwirken. Niemals aber darf die Hand in der ganzen Parade vorherrschen. Im Halten gibst du mit der Hand nach, so kann dein Pferd geschlossen und ausbalanciert zum Stehen kommen.

Wichtig!
Geschlossen steht das Pferd, wenn es sich auf allen vier Beinen in guter Selbsthaltung befindet. Dabei bleibt es immer an deinen treibenden Hilfen, sodass du jederzeit wieder anreiten kannst. Achte auch beim Nachgurten, Aufsitzen und Verschnallen der Ausrüstung auf ein gelassenes und geschlossenes Halten. Das erzieht dein Pferd zu mehr Gehorsam und macht das Reiten für dich sicherer und angenehmer.

Zügel-aus-der-Hand-kauen-Lassen

Was?
Das Zügel-aus-der-Hand-kauen-Lassen ist eine der wichtigsten Grundübungen. Sie gilt als **Schlüssellektion**, weil sie sehr viel über die Ausbildung von Pferd und Reiter aussagt. Mit dem Zügel-aus-der-Hand-kauen-Lassen überprüfst du die Dehnungsbereitschaft und damit die Losgelassenheit deines Pferdes. Außerdem zeigst du, dass du schon **zügelunabhängig** sitzen und einwirken kannst und dein Pferd Vertrauen zu deiner Hand hat.

Wie?
Das Zügel-aus-der-Hand-kauen-Lassen kannst du in allen Gangarten und auf allen Linien reiten; gerade zu Beginn ist es aber auf einem Zirkel am leichtesten.

Beim Zügel-aus-der-Hand-kauen-Lassen zeigst du, dass dein Sitz unabhängig von der Hand und ausbalanciert ist.

Du öffnest deine Zügelfäuste und bietest deinem Pferd den Zügel an. Dabei treibst du gleichmäßig weiter und lässt dein Pferd nach vorwärts-abwärts in die **Dehnungshaltung** kommen. Deine Zügel werden länger, stehen aber weiterhin leicht an. Dein Pferd bleibt in Takt, Tempo und Gleichgewicht unverändert.

Wichtig!

Auch in der Dehnungshaltung bleibt die Stirn-Nasenlinie deines Pferdes an oder leicht vor der Senkrechten. Dazu hilft es, wenn du mehr an vorwärts als an abwärts denkst. Baue das Zügel-aus-der-Hand-kauen-Lassen bewusst in die Reitstunde ein; aber du musst es, so wie alle anderen Lektionen auch, beginnen und wieder beenden. Reite daher lieber eine exakte Zirkelrunde in guter Dehnung als viele Runden hintereinander nur halb richtig.

Überstreichen

Was?

Auch das Überstreichen ist eine wertvolle Übung für dich und dein Pferd. Es zeigt, ob du dein Pferd sicher an deinen Hilfen hast und wirklich unabhängig von der Hand sitzt. Bei deinem Pferd überprüft es die Anlehnung und das **Gleichgewicht**.

Wie?

Beim Überstreichen gibst du ganz bewusst für einen Moment die Verbindung zum Pferdemaul auf. Dazu schiebst du beide Hände am Mähnenkamm entlang nach vorn, so dass der Zügel durchhängt. Weder dein Sitz noch die Haltung deines Pferdes sollen sich verändern. Auf gebogenen Linien kannst du auch nur mit der inneren Hand überstreichen. Das zeigt, ob du Stellung und Biegung schon richtig erarbeitet hast.

Wichtig!
Für eine feine Anlehnung und einen ausbalancierten Sitz ist die Vorstellung des „Überstreichen-Wollens" sehr hilfreich. Nimm dir einfach vor, ganz oft in deiner Reitstunde mit der Hand in Richtung Pferdemaul vorzufühlen. Das hilft auch, das eigentliche Überstreichen vorzubereiten.

Gemäß *Grundausbildung für Reiter und Pferd, Richtlinien für Reiten und Fahren, Band 1* folgt als nächste Grundübung das Reiten von Wendungen und gebogenen Linien. Zirkel, Schlangenlinien und Volten sind in allen Gangarten und auf beiden Händen wichtige Bausteine deiner Reitstunde. Um einen Zirkel wirklich korrekt reiten zu können, muss dein Pferd Stellung und Biegung geschmeidig annehmen.

Stellung

Was?
Stellung ist das **Wenden des Pferdekopfes** zur Seite. Wenn du den inneren Nüsternrand und das innere Auge schimmern sehen kannst, ist das ein gutes Maß an Stellung.

Wie?
Um dein Pferd zu stellen, führst du das Genick in die Bewegungsrichtung. Der Hals wird nur ganz leicht gebogen. Achte darauf, dass die Ohren auf einer Höhe bleiben und die Stirn-Nasenlinie an oder leicht vor der Senkrechten ist.

Wichtig!
Mit dem äußeren Zügel gibst du so weit nach, wie du dein Pferd nach innen stellst. Man sagt: „Der äußere Zügel lässt die Stellung zu." Zu viel Stellung blockiert das innere Hinterbein und macht Biegung unmöglich.
Egal, auf welcher Hand du reitest, ist die Seite, nach der dein Pferd gestellt ist, immer die innere. Die andere Seite ist die äußere. Beim Schenkelweichen kann also innen auch mal außen sein!

Überstreichen im Linksgalopp mit beiden Händen

Biegung

Was?
Biegung ist die **Krümmung der Längsachse** deines Pferdes. Sie bezieht sich immer auf den gesamten Pferdekörper. Es gibt Übungen, bei denen dein Pferd nur gestellt und nicht gebogen ist – zum Beispiel beim Schenkelweichen. Stellung ohne Biegung ist also möglich, niemals aber Biegung ohne Stellung.

Wie?
Biegung erreichst du durch die **diagonale Hilfengebung.** Die heißt so, weil du mit dem inneren Schenkel an den äußeren Zügel herantreibst.

- Du nutzt die einseitig belastende Gewichtshilfe.
- Der innere Schenkel treibt vorwärts und erhält den Fleiß.
- Der äußere Schenkel liegt verwahrend und verhindert das Ausweichen deines Pferdes.
- Der äußere Zügel ist verwahrend, lässt die Stellung zu und begrenzt die Schulter.

- Mit dem inneren Zügel sorgst du durch Annehmen und Nachgeben für leichte Innenstellung.
- So wird eine gleichmäßige und geschmeidige Längsbiegung erreicht.

Wichtig!
Gerade für das korrekte Reiten von gebogenen Linien brauchst du einen ausbalancierten, losgelassenen und geschmeidigen Sitz. Dann kannst du mit deinem Körper die Linie „vorgeben" – also in die Bewegungsrichtung sitzen und dein Pferd so auf die Linie bringen. Wenn du mit einer einseitig belastenden Gewichtshilfe nach innen einwirkst, folgt dein Pferd deinem Schwerpunkt, um im Gleichgewicht zu bleiben. Daher ist die korrekte Gewichtsverlagerung eine Grundvoraussetzung für das Reiten von gebogenen Linien.

Für das Reiten in der Bahn gibt es viele unterschiedliche gebogene Linien, die dir helfen, deine Reitstunde abwechslungsreich und sinnvoll zu gestalten. Einige davon sind hier beschrieben.

Zirkel

Was?
Ein Zirkel ist eine kreisrunde Linie, die an verschiedenen Stellen in der Reitbahn geritten werden kann. In einer Reithalle von 20 x 40 m hat der Zirkel **20 m Durchmesser.** Entweder du beginnst den Zirkel Mitte der kurzen Seite bei A oder C oder du nimmst den Mittelzirkel. Der beginnt Mitte der langen Seite bei B oder E. Wenn du auf einem Zirkel reitest, ist dein Pferd die ganze Zeit gestellt und gebogen. Die Ecken der kurzen Seite rundest du also ab.

Wie?
Damit dein Zirkel wirklich kreisrund wird, brauchst du deine diagonale Hilfengebung. Wenn du so einwirkst, kannst du dein Pferd sicher in Stellung und Biegung halten.

Wichtig!
Schaue beim Reiten auf dem Zirkel immer zum nächsten Zirkelpunkt. Dann kannst du die Linie besser beeinflussen und sitzt schon in Bewegungsrichtung. Für den Handwechsel bietet sich das **„Aus-dem-Zirkel-Wechseln"** an. Das ist wie eine große Acht, bei der du von einem Zirkel fließend auf den anderen wechselst. Später kannst du auch **„Durch-den-Zirkel-Wechseln"** reiten. Das ist dann eine kleine Acht, bei der dein Pferd sich schon sehr gut biegen lassen muss.

Schlangenlinien

Die Schlangenlinien sind sehr wertvolle Übungen, weil sie die Geschmeidigkeit deines Pferdes verbessern und du lernst, deine Hilfen gut zu koordinieren. Du reitest die Schlangenlinien entweder an der langen Seite als **einfache** oder **doppelte** Schlangenlinie. Du kannst sie aber auch durch die ganze Bahn reiten – mit drei, vier oder sogar noch mehr **Bögen**.

Was?
Bei den Schlangenlinien durch die Bahn beginnen und enden deine Bögen immer an der kurzen Seite der Reitbahn, also bei A oder C. Je weiter fortgeschritten du und dein Pferd sind, desto mehr Bögen kannst du reiten.

Wie?
Mitte der kurzen Seite beginnt dein erster Bogen. Auch hierfür brauchst du deine diagonale Hilfengebung. Dein Pferd wird nach innen gestellt und um deinen inneren Schenkel gebogen. Die Ecke rundest du ab, weil du den ersten Bogen reiten möchtest. Nach jedem Bogen reitest du parallel zur kurzen

Der Blick leitet die Wendung ein.

Seite über die Mittellinie geradeaus und bereitest den nächsten Bogen vor. Dazu stellst und biegst du dein Pferd in die neue Bewegungsrichtung.

Wichtig!
Teile dir die Reitbahn immer so ein, dass deine Bögen gleich groß sind. Reitest du eine gerade Anzahl an Bögen – zum Beispiel vier – dann ergibt sich ein Handwechsel. Bei einer ungeraden Anzahl – also zum Beispiel drei Bögen – bleibst du auf der Hand, auf der du begonnen hast.

Volten

Was?
Volten sind kleine kreisrunde Linien, die du überall in der Bahn reiten kannst. Eine gut gerittene Volte hat einen **Durchmesser von 10 m.** In anspruchsvollen Dressurprüfungen werden auch 8-m-Volten verlangt. Weil die Wendungen kleiner sind, muss dein Pferd sich auf den Volten mehr biegen, als zum Beispiel auf einem 20-m-Zirkel.

Wie?
Am besten lassen sich Volten aus einem Zirkel entwickeln. Der 20-m-Zirkel wird schrittweise verkleinert, bis die erste Volte gelingt. Auch für das Reiten von Volten brauchst du die diagonalen Hilfen. Besonders der innere Schenkel muss das Hinterbein fleißig halten, denn Volten sind für dein Pferd anstrengend. Der äußere Schenkel sorgt gemeinsam mit dem äußeren Zügel dafür, dass die Linie eingehalten wird.

Wichtig!
Gerade zu Beginn sind optische Hilfsmittel für kreisrunde Volten gut. Ein Kegel oder eine Stange auf dem Boden geben dir die Linie vor. Nutze deinen **vorausschauenden Blick**: Beim Abwenden schaust du zum Scheitelpunkt der Volte; von dort aus zurück zum Punkt, an dem du abgewendet bist. Dann bleibt die Volte klein und rund.

Springen macht Spaß!

8.2 Grundübungen im Reiten über Hindernisse

Springen lernen ist für jeden Reiter wichtig. Wenn du mit kurzem Bügel in allen drei Gangarten und über Hindernisse reiten kannst, dann sitzt du ausbalancierter, losgelassener und damit sicherer im Sattel. Letztendlich ist ein Bocksprung auch nichts anderes als ein Sprung über ein Hindernis – wer also Springen lernt, ist **sattelfester**. Am besten lernst du Springen, wenn von Anfang an das Reiten im leichten Sitz Teil deiner Ausbildung ist – parallel zum Dressurreiten. Schon an der Longe sind Sitzübungen im leichten Sitz gut geeignet, denn sie verbessern deine **Geschmeidigkeit** und **Beweglichkeit** auf dem Pferd. Du lernst, deinen Sitz mit kurzem Bügel immer wieder an die Bewegungen deines Pferdes anzupassen. Wenn du fließend zwischen den unterschiedlichen Ausprägungen des leichten Sitzes wechseln kannst, dann lernst du Linien, Übergänge und Tempounterschiede aus dem leichten Sitz heraus zu reiten. Das ist eine sehr gute Vorbereitung auf deine ersten Sprünge.

Reiten von Geschicklichkeitsaufgaben

Geschicklichkeitsaufgaben sind wertvoll für die Grundausbildung und nicht nur Spielerei. Mit vielen Übungen werden ganz nebenbei Gleichgewicht, Losgelassenheit und das Eingehen in die Bewegungen deines Pferdes gefördert. Beim **Reitabzeichen RA 8** absolvierst du zum Beispiel einen Parcours mit verschiedenen Übungen wie Slalom, Labyrinth und einhändigem Reiten. Dazu brauchst du schon eine sehr präzise Einwirkung und einen handunabhängigen, ruhigen Sitz.

Slalom

Was?

Das Reiten durch einen Slalom fördert dein Gleichgewicht und deine Reaktionsfähigkeit. Du lernst, dich schnell auf neue Bewegungen einzustellen. Durch den häufigen **Richtungswechsel** passt du deinen Sitz und deine Hilfengebung immer wieder an. Vor allem der Einsatz deiner Gewichtshilfen als richtungsweisende Hilfen werden geschult.

Aus unterschiedlichen Materialien wie Kegeln, Tonnen oder Ständern werden Slalomreihen aufgebaut. Die kannst du entweder an der langen Seite, auf der Mittellinie oder auch auf der Diagonalen aufbauen.

Wie?

Beginne den Slalom immer im Schritt. Versuche, die Bögen **flach** anzulegen und zu erfühlen, wann du dein Gewicht verlagern musst, um die neue Richtung vorzugeben. Später kannst du auch durch den Slalom traben und dabei entweder aussitzen oder leichttraben mit Fußwechsel. Und zur Überprüfung: Nimm deine Zügel in eine Hand und reite durch den Slalom.

Wichtig!

Die Abstände kannst du nach Belieben verändern, um die Übung vielfältig zu gestalten. Weniger als **5 m Abstand** von einem Hütchen zum nächsten sollten es aber nicht sein, sonst wird es zu eng für einen harmonischen Ablauf.

Im Trab durch den Slalom

Labyrinth

Was?

Wenn du mit deinem Pferd durch ein Stangenlabyrinth reitest, musst du dich gut konzentrieren und die Bewegungen deines Pferdes einschätzen können. Ähnlich wie beim Slalom ist das Ziel, zügelunabhängig durch verschiedene Labyrinthe reiten zu können.

Aus Stangen oder Bodenricks werden Gassen in verschiedenen Formen gelegt. Das kann zum Beispiel ein L oder ein W sein, aber auch ein Stangenkreuz oder ein doppeltes E. Als Abstand in den Gassen ist 1 m für den Anfang gut geeignet, später dürfen es auch 80 cm oder weniger sein.

Wie?

Du reitest das Labyrinth immer im Schritt. Versuche, in der Mitte der Gasse zu reiten. Wenn du rechtzeitig dein Gewicht verlagerst, kannst du die neue Richtung vorgeben, ohne den Zügel einzusetzen. Später nimmst du zur Überprüfung deine Zügel in eine Hand und reitest einhändig durch das Labyrinth!

Wichtig!

Berührt dein Pferd die Stangen oder verschiebt sie sogar, gilt das als Fehler. Versuche deshalb, ganz präzise und konzentriert einzuwirken und dein Pferd immer gut an den Hilfen zu behalten.

Es gibt viele Möglichkeiten ein Labyrinth zu gestalten.

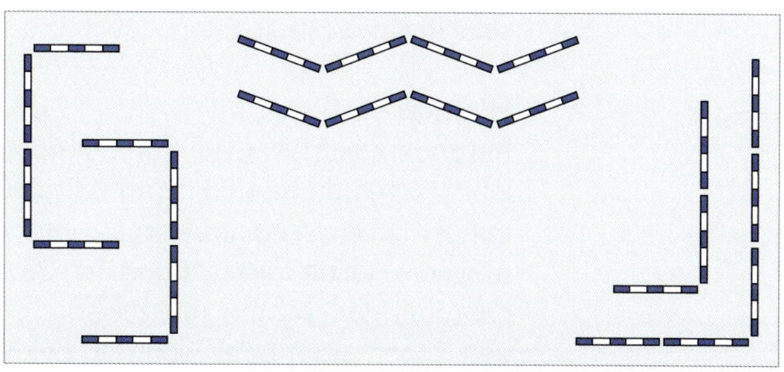

Ball-Transport kann zunächst auch geführt geübt werden.

Ball-Transport

(Übungen zum einhändigen Reiten)

Was?

Beim Transport von Gegenständen zeigst du, dass du dein Pferd auch mit einer Hand sicher führen kannst. Das ist eine wichtige Voraussetzung für das **zügelunabhängige** Reiten. Es gibt unzählige Varianten dieses Spiels: Statt eines Balls kannst du auch Wäscheklammern, Ringe, Sandsäckchen, Bierdeckel, Bandagen, Socken oder Becher von einem Punkt zum nächsten transportieren.

Wie?

An einem vorgegebenen Punkt, zum Beispiel einer umgedrehten Tonne oder einem Hindernisständer, hältst du dein Pferd an und nimmst mit einer Hand einen Ball auf. Mit dem Ball in der einen und den Zügeln in der anderen Hand reitest du eine bestimmte Strecke zu einer zweiten Tonne. Dort legst du den Ball wieder ab - zum Beispiel in einen Eimer.

Wichtig!

Besonders gut für deine Koordination ist es, wenn du den Ball zum Beispiel mit der linken Hand aufnimmst, unterwegs die Hände tauschst und den Ball dann mit der rechten Hand wieder in den Eimer legst. Oder wenn du beim Reiten mit dem Ball noch einen Slalom oder ein Labyrinth absolvierst.

➤ **Safety first:** Wenn du dir nicht sicher bist, wie dein Pferd auf diese Materialien reagiert, gewöhne es erst vom Boden aus an Bälle, Ringe oder Säckchen. Und wenn es das alles gar nicht mag, nimm lieber nur die Zügel in eine Hand und lege die freie Hand auf deinen Oberschenkel.

Das sind übrigens nur drei Übungsbeispiele für Geschicklichkeitsparcours. Es gibt noch ganz viele weitere Möglichkeiten, die sinnvoll in die Grundausbildung eingebaut werden können. Reite die Geschicklichkeitsübungen am besten immer mit verkürztem Bügel, dann schulst du dein Gleichgewicht und verbesserst deinen leichten Sitz - beste Voraussetzungen fürs Springen!

Reiten über Cavaletti und Bodenricks

Was?

Cavaletti sind super für den Einstieg in das Springen geeignet. Sie können in der Höhe variiert werden und bieten unendlich viele Möglichkeiten für den Aufbau. Alles, was du für das Springen brauchst, kannst du mit Cavaletti üben. Die niedrigste Einstellung ist für alle Gangarten, die mittlere für Trab und Galopp und die höchste Einstellung nur für den Galopp sinnvoll.

Wie?

An einem einzelnen Cavaletti lernst du zunächst, dem Bewegungsablauf deines Pferdes zu folgen. Das wird dann immer weiter ausgebaut; aus Cavaletti können **ganze Parcours** erstellt werden, an denen du Linienführung und Orientierung üben kannst. Später kannst du Cavaletti auch zum Beispiel zur Rhythmusschulung nutzen oder eine kleine Reihe daraus aufbauen. Der richtige Abstand zwischen den Cavaletti ist für dein Pferd ganz wichtig: im Schritt circa 80 cm, im Trab 1,30 m und im Galopp 3 m.

Wichtig!
Einfache Hindernisstangen auf dem Boden können wegrollen. Daran kann sich dein Pferd verletzen. Nimm deshalb für dein Springtraining immer Cavaletti oder Bodenricks, bei denen die Stangen befestigt sind.

Reiten über einen Einzelsprung

Was?
Klappt das Reiten im leichten Sitz auf ebenem Hufschlag und beim Reiten über Cavaletti, ist es Zeit für deinen ersten Sprung.
Meistens ist der erste Sprung ein **Kreuzsprung**. Dieser wird von deinem Ausbilder „freundlich" aufgebaut - also mit langem und geradem Anreiteweg und viel Platz zum Weiterreiten dahinter. Durch die gekreuzten Stangen, fällt es dir und deinem Pferd leichter, in der Mitte zu bleiben.

Wie?
Eine Trabstange in Form eines niedrigen Cavaletti gibt deinem Pferd den Absprung vor und erleichtert dir das Eingehen in die Bewegung. Wenn dein Pferd über die Stange trabt, bringst du deinen Oberkörper nah ans Pferd und gehst mit der Hand vor in Richtung Pferdemaul. Für den Trab liegt die Stange circa 2,20 m vor dem Kreuz, später aus dem Galopp circa 3 m.

Wichtig!
Das Reiten von Einzelsprüngen schult dein Gefühl für

- den Weg,
- das Grundtempo,
- den Rhythmus und
- das Gleichgewicht von Reiter und Pferd.

Cavaletti sind eine super Vorbereitung auf das Springen.

Das sind die vier Grundprinzipien für das Anreiten von Hindernissen. Das übst du erst einmal ganz in Ruhe über Einzelsprünge, bevor du schwierigere Aufgaben angehst. So wirst du sicher und routiniert.

Reiten über eine Folge von Einzelsprüngen

Was?
Als nächste Übung steht das Reiten von mehreren Einzelsprüngen auf deinem Lehrplan. Du lernst, auf vorgegebenen Linien zu reiten und Tempo und Rhythmus gleichmäßig einzuhalten.
Am besten sind **niedrige Steilsprünge** für den Einstieg geeignet. Zwischen den Sprüngen hast du genug Zeit,

Eine Trabstange vor dem Kreuzsprung gibt dem Pferd den Absprung vor.

Beispielparcours für einen Caprilli-Test

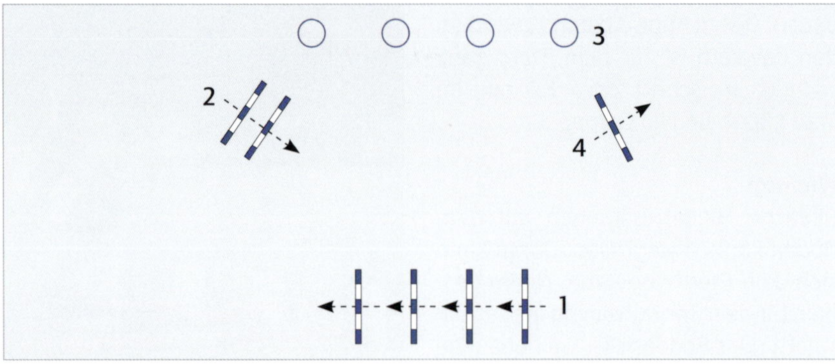

dich und dein Pferd auf den nächsten Sprung vorzubereiten. Später können die Linien auch verändert oder zum Beispiel Oxer eingebaut werden.

Wie?

Auch bei einer Folge von Einzelsprüngen sind niedrige, einladende Hindernisse am besten. Wenn die Basis stimmt - also die vier Grundprinzipien für das Anreiten - dann stellt die Höhe später kein Problem dar. Mit Übergängen, Volten oder Wendungen kannst du zusätzliche Aufgaben schaffen, um jederzeit gut und sicher auf dein Pferd einzuwirken.

Wichtig!

Aus einer Folge von Einzelsprüngen können schon erste Caprilli-Tests oder Springreiter-Wettbewerbe entwickelt werden.

Der Caprilli-Test verbindet Dressur und Springen.

Caprilli-Test

Was?

Caprilli-Tests sind eine sehr gute Vorbereitung auf das Parcoursspringen, denn sie verbinden das dressurmäßige Reiten mit dem Reiten über Sprünge. Beim **Reitabzeichen RA 7** entsprechen die Anforderungen in der Teilprüfung Springen einem Caprilli-Test. Dort zeigst du, dass du mit kurzem Bügel im leichten Sitz sicher und gefühlvoll auf dein Pferd einwirken und unterschiedliche Übungen mit und ohne Stangen absolvieren kannst.

Wie?

Ebenso wie in einem Parcours beginnt auch der Caprilli-Test stets mit einer Grußaufstellung vor den Richtern. Dann reitest du in einer vorgegebenen Reihenfolge den Parcours mit Hufschlagfiguren, Übergängen, Cavaletti und Bodenricks.

Wichtig!

Anregungen für verschiedene Caprilli-Tests findest du in der **Wettbewerbs-Ordnung für den Breitensport (WBO)** der Deutschen Reiterlichen Vereinigung e.V. (FN). Du kannst aber auch gemeinsam mit deinem Ausbilder eigene Aufgaben entwickeln und diese an deinen Leistungsstand anpassen.

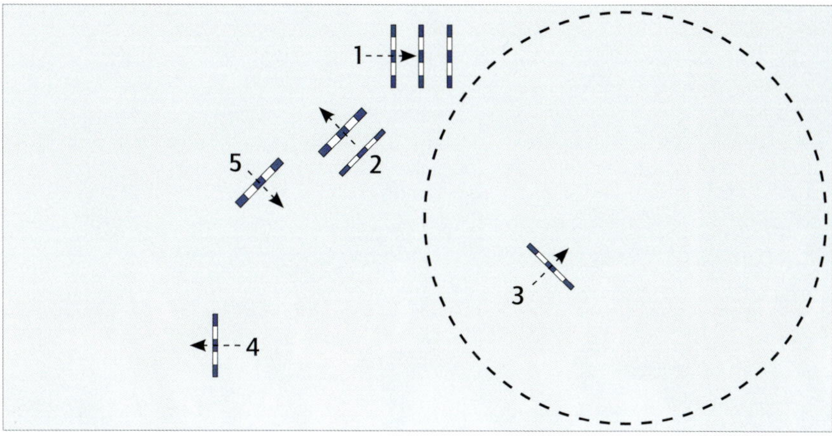

Springreiter-Wettbewerb

Beim Reitabzeichen 6 absolvierst du mit deinem Pferd einen Parcours auf dem Niveau eines Springreiter-WBs (gemäß WBO) mit mindestens 5 Hindernissen. Davon sind mindestens zwei aus dem Galopp zu springen. Die Höhe der Hindernisse beträgt 40 bis 60 cm. Hier findest du einen Beispielparcours. Es können aber auch andere Parcours aus dem Merkblatt oder der WBO verwendet werden. Oder du entwickelst zusammen mit deinem Ausbilder einen eigenen Parcours mit den vorgegebenen Anforderungen.

- Höhe der Hindernisse: 40 bis 60 cm; als Kreuz, Steilsprung oder Oxer
- Trabstangen gegen Wegrollen sichern
- Vor den Richtern halten. Grüßen. Auf der rechten Hand im Arbeitstempo antraben, leichttraben.

Nach C	Auf die Viertellinie abwenden, Leichter Sitz und über die Bodenricks (1) reiten
K-M	Durch die ganze Bahn wechseln, dabei über Sprung (2) springen, danach im Linksgalopp weiterreiten, leichter Sitz
H-F	Durch die ganze Bahn wechseln, dabei über Sprung (3) springen, danach im Rechtsgalopp weiterreiten, leichter Sitz
A-X-A	Auf dem Zirkel geritten (1-mal herum)
Nach A	Auf die Viertellinie abwenden und über Sprung (4) springen
M	Abwenden und über Sprung (5) springen
Vor K	Durchparieren zum Arbeitstrab
A-X-A	Auf dem Zirkel geritten, dabei Zügel aus der Hand kauen lassen (1-mal herum)
A	Zügel wieder aufnehmen, danach durchparieren zum Mittelschritt

In der Natur ist dein Pferd zu Hause.

8.3 Grundübungen im Reiten im Gelände

Dein Pferd ist in der Natur zu Hause. Dort fühlt es sich wohl und dort sollte es so oft wie möglich geritten werden. Deshalb ist das Reiten im Gelände genauso fester Bestandteil einer guten Ausbildung wie das dressurmäßige Reiten und das Reiten über Hindernisse. Schon ganz früh, beim Reiten am Führzügel, kannst du erste Erfahrungen im Gelände sammeln. In der Natur gibt es viel mehr unterschiedliche Anforderungen als beim Reiten in der Reitbahn und je mehr du davon kennenlernst, desto sicherer wirst du im Sattel. Vieles, was du im Gelände erlebst, ist **situativ** – also nicht in einer Reitbahn nachzustellen. Mal bergauf, mal bergab, mal auf Sand, mal auf Gras, mal auf dem weiten Feld, mal auf dem schmalen Waldweg, mal bei Sonnenschein und mal bei Wind – in der Natur sind keine zwei Ausritte gleich. Beim Reiten im Gelände lernst du dein Pferd in seinem **natürlichen Lebensraum** kennen. Du weißt, wovor es sich erschreckt und wie es zum Beispiel auf Autos, Traktoren oder Kühe auf einer Weide reagiert. Das gibt Sicherheit und Vertrauen. Und weil das Reiten im Gelände einen so hohen Stellenwert genießt, kannst du schon ab dem RA 10 in der praktischen Prüfung zeigen, dass du und dein Pferd auch draußen in der Natur ein gutes Team seid.

Bergauf- und Bergabreiten

Was?

Zu den wichtigsten Erfahrungen im Gelände zählt auf jeden Fall das Reiten über Hügel und Bodenwellen. Du wirst geschmeidiger und verbesserst dein **Gleichgewicht**, weil du deinen Sitz dabei immer wieder anpassen musst.

Die positiven Effekte des Reitens im Gelände			
Pferd	**Definition**	**Reiter**	**Auswirkungen**
Gleichgewicht	durch unterschiedliche Böden und Formen	Gleichgewicht	durch Anpassung an unterschiedliche Situationen
Losgelassenheit	durch Bodenwellen und Hügel	Losgelassenheit	durch Entspannung und Erholung
Geschmeidigkeit	durch Bergauf- und Bergabreiten und Klettern	Bewegungsgefühl	durch Veränderung der Grundgangarten
Geschicklichkeit	durch Springen im Gelände	Vertrauen	zum Pferd durch natürliche Reaktionen
Kondition	durch längere Belastung	Einwirkung	durch vielfältige Bewegungsanforderungen
Motivation	durch Abwechslung und Bewegung in der Gruppe	Motivation	durch Abwechslung und Bewegung in der Gruppe
Belastbarkeit	durch unterschiedliche Bewegungsreize	Spaß	durch unterschiedliche Bewegungsreize
Trittsicherheit	durch natürliche Hindernisse, Äste, Wurzeln, Pfützen	Naturerlebnis	durch das Reiten in der Natur
Abhärtung	durch Umweltreize	Vielfalt	durch Umweltreize
Durchlässigkeit	durch typische Situationen wie Brücken, Autos, Radfahrer etc.	Tempogefühl	durch Übergänge und Gangmaßwechsel

So früh wie möglich solltest du daher über Bodenunebenheiten, leichte Hänge und Wellen reiten. Du wirst schnell merken, dass dein Pferd sein Gleichgewicht immer neu an das Gelände anpasst. Genau wie du auch, bringt es beim Bergaufreiten seinen Schwerpunkt etwas nach vorn und beim Bergabreiten etwas nach hinten.

Wie?

Wenn du einen Hügel hochreitest, bringst du deinen Oberkörper näher ans Pferd. Den Steigbügel trittst du gut aus und lässt den Unterschenkel am Gurt. Reitest du einen Hügel herunter, richtest du dich etwas mehr auf und bringst dein Gesäß weiter zurück. Achte aber darauf, dass dein Oberkörper immer **vor der Senkrechten** bleibt und du den Sattel weiterhin gut entlastest. Deine Hand geht beim Bergauf- und Bergabreiten tief am Hals in Richtung Pferdemaul vor. So kann dein Pferd den Hals lang machen und als **Balancierstange** nutzen.

Wichtig!

Viele Pferde werden bergab gern etwas eiliger und verlieren bergauf an Schwung. Durch leichtes Parieren bergab und durch leichtes Zulegen bergauf kommst du zu einem gleichmäßigen Tempo.

Galoppieren in höherem Tempo

Was?

Beim Reiten im Gelände wird meistens in höherem Tempo galoppiert als in der Reitbahn. Auch ist die Galoppstrecke oft länger. Beides kannst du am besten schon vor dem ersten Ausritt üben, zum Beispiel auf einem großen Geländeplatz.

Pferde galoppieren von Natur aus gern auch mal in höherem Tempo. In

Reiten über Hügel ist gut für's Gleichgewicht.

ihrem natürlichen Lebensraum halten Sprints den Körper fit und leistungsbereit für den Ernstfall. Darum lernst du in deiner Grundausbildung, auch in freiem Tempo frisch vorwärts zu galoppieren. Das schult dein **Tempogefühl**, verbessert dein Gleichgewicht und gibt dir mehr Sicherheit im Sattel.

Wie?

Am besten kannst du das Galoppieren zunächst auf einer Sandbahn oder einem großen Außenplatz üben. Verkürze deine Steigbügel ruhig noch einmal um 2 bis 3 Löcher, dann kannst du dich auch im leichten Sitz in einem höheren Tempo sicher ausbalancieren. Nach der Lösungsphase lässt du dein Pferd im leichten Sitz angaloppieren. Jetzt kannst du das Tempo variieren und dabei auch gern mal richtig energisch vorwärts galoppieren. Du wirst schnell merken, wie viel Freude es dir und deinem Pferd macht.

Wichtig!

Denke daran, dass du regelmäßig die Hand wechselst und gleichmäßig im Rechts- und Linksgalopp reitest. Und vor allen Dingen behältst du natürlich immer die Kontrolle über dein Pferd. Du hast auch bei hohem Tempo immer das Gefühl, jederzeit durchparieren zu können.

Durchreiten von Wasserstellen

Was?

Es kann immer vorkommen, dass du mit deinem Pferd durch eine Pfütze reiten musst – entweder beim Ausritt oder nach längerem Regen auf dem Reitplatz. Deshalb ist es gut, das Reiten durch Wasser zu üben. Dann bekommt dein Pferd **Vertrauen** und folgt dir auch durch unbekannte Wasserstellen gehorsam.
Beginne immer mit einer flachen, großen und gut befestigten Wasserstelle. An einer breiten Stelle solltest du ohne Hindernisse hineinreiten können. Es reicht völlig aus, wenn das Wasser am Anfang nur etwa Huf-hoch ist. Später kannst du auch durch tiefere Wasserstellen reiten.

Wie?

Nimm am Anfang immer ein erfahrenes **Führpferd** mit. Durch den Herdentrieb fällt es deinem Pferd leichter, wenn ein anderes Pferd vorgeht.

Lasse dein Pferd zunächst im Schritt, später auch im Trab und Galopp hinter dem Führpferd durch das Wasser gehen. Wenn das sicher klappt, kannst du auch vorreiten.

Wichtig!

Wasser bremst die Bewegungen deines Pferdes. Sei vorbereitet und tritt deinen Steigbügel gut nach vorn-unten aus. Dann kommst du nicht hinter die Bewegung. Und sei immer vorsichtig bei unbekannten Wasserstellen. Gerade wenn das Wasser trüb ist, kannst du Tiefe und Bodenbeschaffenheit nur schwer einschätzen. Verzichte im Zweifel lieber auf den Wasserdurchritt.

Springen im Gelände

Was?

Auch das Springen über feste Hindernisse gehört zu einer vielseitigen Grundausbildung dazu. Es fördert dein Gleichgewicht, deine Losgelassenheit und deine Geschmeidigkeit – außerdem macht es einfach Spaß und bringt Abwechslung!

Für den Einstieg sind niedrige **Baumstämme** ideal. Diese können an ganz unterschiedlichen Stellen platziert werden und bieten so jedes Mal eine neue Aufgabe. Seitliche Begrenzungen, zum Beispiel durch Fangständer oder Flaggen, erleichtern euch die Orientierung und verhindern ein Vorbeilaufen.

Wie?

Die ersten festen Hindernisse sollten auf ebenem Untergrund mit langem und geradem Anreiteweg stehen. Später sind auch Sprünge aus der Wendung oder am Hang gute Übungen. Beim Springen im Gelände kannst du deine Steigbügel ruhig noch etwas kürzer schnallen, damit du wirklich sicher entlastend sitzen kannst. Gerade weil im Gelände oft in höherem Tempo galoppiert wird, brauchst du einen sicheren leichten Sitz mit gut am Gurt liegendem Unterschenkel.

Wasserstellen – kein Problem mit etwas Übung

Wichtig!

Beim Springen im Gelände gibt es eine Vielzahl unterschiedlicher Hindernisse; neben Baumstämmen sind He-

Erste Naturhindernisse schon am Führzügel meistern

Unterschiedliche Hindernisse im Gelände

cken, Schweinerücken, Dächer, Gräben oder schmale Sprünge beliebt. Du wirst all diese Hindernisse nach und nach kennenlernen.

Ausreiten

Was?

Ein Ausritt mit Freunden macht Spaß, entspannt und motiviert alle Beteiligten - ganz egal, wie gut du schon reiten kannst. Das Ausreiten ist daher unbedingt in deine Grundausbildung einzubauen, und zwar am besten gleich von Anfang an. Zunächst vielleicht am Führzügel und nur einmal um den Hof, später dann in einer Gruppe, auch mal für mehrere Stunden. Beim Ausritt begegnen euch viele **verschiedene Situationen**, die ihr gemeinsam meistern müsst: Brücken, Baustellen, Radfahrer, Kinderwagen oder Kutschen - im Gelände ist immer etwas los. Du lernst dein Pferd dadurch besser kennen und kannst seine Reaktionen schon bald einschätzen. Das stärkt das Vertrauen und gibt Sicherheit, auch für das Reiten in der Reitbahn oder später auf einem Turnier.

Wie?

Die Natur ist der Lebensraum unserer Pferde. Draußen fühlen sie sich wohl. Manchmal so wohl, dass sie etwas übermütig werden. Dann macht es Sinn, die Aufwärmphase auf den Reitplatz zu verlagern. Dort könnt ihr auch schon einmal bestimmte **Handzeichen** vereinbaren und eine Reihenfolge für eure Gruppe festlegen. Vorn und hinten reiten die erfahrensten Reiter mit den sichersten Pferden.

Wichtig!

Zu einem gelungenen Ausritt gehört immer eine gute Planung. Bevor ihr losreitet, legt ihr gemeinsam fest, wie lange und wohin ihr reiten möchtet. Gebt am Stall Bescheid, was ihr vorhabt und packt euch ein Handy ein - dieses könnt ihr nutzen, falls ihr euch verreitet oder unterwegs Hilfe braucht.
Ausreiten ist ein großes Vergnügen für Pferd und Reiter, wenn ein paar Regeln eingehalten werden. Dazu gehört auch, dass du dich im Vorfeld informierst, wo in deiner Region gerit-

ten werden darf und wo nicht. Das ist nämlich sehr unterschiedlich geregelt. Auch für den Straßenverkehr gelten besondere Bestimmungen für Reiter. Achte stets darauf, dass durch dich und dein Pferd nichts und niemand zu Schaden kommt!

12 Gebote für das Reiten im Gelände

1 Verschaffe deinem Pferd täglich ausreichend Bewegung unter dem Sattel und auf der Weide oder im Paddock.
2 Gewöhne dein Pferd behutsam an den Straßenverkehr und das Gelände.
3 Vereinbare alle Ausritte mit Freunden – in der Gruppe macht es mehr Spaß und ist sicherer.
4 Sorge für ausreichenden Versicherungsschutz für dich und das Pferd. Verzichte beim Ausritt nie auf den bruch- und splittersicheren Reithelm mit Drei- bzw. Vierpunktbefestigung.
5 Kontrolliere täglich den verkehrssicheren Zustand von Zaumzeug und Sattel.
6 Informiere dich über die gesetzlichen Regelungen für das Reiten in Feld und Wald in deiner Region.
7 Reite nur auf Wegen und Straßen, niemals querbeet und meide ausgewiesene Fuß-, Wander- und Radwege, Uferböschungen und Biotope.
8 Verzichte auf einen Ausritt oder nimm Umwege in Kauf, wenn Wege durch anhaltende Regenfälle weich geworden sind und passe dein Tempo dem Gelände an.
9 Begegne Fußgängern, Radfahrern, Reitern, Gespannfahrern und Kraftfahrzeugen immer nur im Schritt und sei freundlich und hilfsbereit zu allen.
10 Melde unaufgefordert Schäden, die einmal entstehen können, und regele entsprechenden Schadensersatz.
11 Sprich mit Reit- und Fahrkollegen, die gegen diese Regeln verstoßen.
12 Du bist Gast in der Natur und dein Pferd bereichert die Landschaft, wenn Du dich korrekt verhältst.

Auf den Punkt gebracht: Reiten in der Gruppe

- Anfangs- und Schlussreiter bestimmen
- Reihenfolge festlegen und nur nach Absprache ändern
- Handzeichen vereinbaren
- Informationen des Anfangs- oder Schlussreiters laut zum nächsten weiterleiten
- Sicherheitsabstand nach vorn und zur Seite einhalten, notfalls versetzt reiten
- im Galopp niemals überholen, kreuzen oder aufreiten
- Der schwächste Reiter gibt das Tempo vor!

Ausreiten ist ein großes Vergnügen für Pferd und Reiter.

Stationsprüfungen sind immer ganz praxisnah aufgebaut.

9 Grundsätzliches zu den Stationsprüfungen

- In den Stationsprüfungen bekommst du eine Aufgabe gestellt, die du dann möglichst selbstständig und praxisnah löst. Dabei erklärst du dem Prüfer zum Beispiel, wie du dein Pferd aufhalfterst, anbindest oder putzt.
- Die Aufgaben, die in der Prüfung gestellt werden, bespricht der Prüfer vorab mit deinem Ausbilder. So weiß der Prüfer, was ihr im Lehrgang erarbeitet habt.
- Am besten zeigst du möglichst viel an einem echten Pferd, zum Beispiel auf der **Stallgasse**. Während du dein Pferd putzt, erklärst du, warum das Putzen wichtig ist und worauf du achtest.
- Andere Stationen finden in der Sattelkammer, in der Reithalle, am Holzpferd oder auch auf der Weide statt. Das hängt von der gestellten Aufgabe ab.
- Jede Station braucht **Materialien**, damit du die Aufgaben am Pferd lösen kannst. Das kann eine gut bestückte Putzkiste sein, ein Sattel und eine Trense oder auch eine Tafel und Kreide, um Bahnfiguren aufzumalen.
- Es ist besonders wichtig, dass du die **Sicherheitsaspekte** im Umgang mit dem Pferd gut erklärst und zeigst, dass du weißt, worauf es ankommt.
- Nur wenn du nicht mehr weiter weißt oder etwas vergessen hast, hilft dir der Prüfer weiter oder fragt noch einmal nach. Ansonsten beobachtet er nur, was du schon alles kannst.
- Die Bücher *Grundausbildung für Reiter und Pferd, Richtlinien für Reiten und Fahren, Band 1* und *Grundwissen zur Haltung, Fütterung, Gesundheit und Zucht, Richtlinien für Reiten und Fahren, Band 4* bilden die Bewertungsgrundlage. Die Ausbildungs- und Prüfungsordnung (APO) gibt vor, was in welchem Abzeichen geprüft und wie es bewertet wird.
- Und mach dir keine Sorgen: Reines Abfragen von auswendig gelerntem Wissen und Frage-Antwort-Spiele sind nicht mehr zeitgemäß. Heute werden Kenntnisse im praktischen Tun **(Handlungskompetenz)** gezeigt. Aus diesem Grund gibt es auch für die Stationsprüfungen keine Noten mehr, sondern nur ein „bestanden" oder „nicht bestanden".

Praktisches Reiten in Dressur und Springen/Gelände

Bewertungskriterien in der Dressur:
Die Prüfung wird so altersgerecht und so praxisnah wie möglich abgenommen. Bewertet werden vor allem

- dein Vertrauen zum Pferd/Pony,
- dein losgelassener und ausbalancierter Sitz,
- das Eingehen in die Bewegung und deine Einwirkung in den Grundgangarten,
- das Reiten von Übergängen, Wendungen, Hufschlagfiguren und ersten Lektionen (je nachdem, welches Abzeichen du machen möchtest).

Bewertungskriterien im Springen/ Gelände:
Die Prüfung wird so altersgerecht und so praxisnah wie möglich abgenommen. Bewertet werden vor allem

- dein leichter Sitz (insbesondere Gleichgewicht und Losgelassenheit, Eingehen in die Bewegung, Bügelmaß),
- deine Einwirkung (vor allem das Einhalten von Weg, Tempo und Rhythmus sowie das Reiten von Übergängen, Wendungen, Handwechseln und gängigen Bahnfiguren),
- das Absolvieren des Parcours bzw. der gestellten Aufgaben,
- die Harmonie zwischen dir und deinem Pferd und der Gesamteindruck.

Abwürfe, Unterbrechungen oder ein erster Sturz fließen lediglich in die Bewertung ein. Eine dritte Unterbrechung oder ein zweiter Sturz führen zum Nicht-Bestehen der Teilprüfung.

Bewertungskriterien im Gelände:
Das Reiten im Gelände kann zusätzlich oder alternativ zum Springen absolviert werden. Beurteilt werden auch beim Reiten im Gelände dein Sitz, deine Einwirkung und der Gesamteindruck, also die Harmonie zwischen dir und deinem Pferd und die selbstverständliche Bewältigung der Aufgaben. Wie beim Springen führen Unterbrechung und erster Sturz nicht zu Abzügen, werden aber in der Note berücksichtigt. Zweiter Sturz und dritte Unterbrechung führen auch im Gelände zum Ausschluss. Das Tragen einer Schutzweste ist Pflicht.
Das Prüfungsergebnis lautet in allen Teilprüfungen „bestanden" oder „nicht bestanden". Wenn du eine Prüfung nicht bestehst, kannst du sie zum nächstmöglichen Termin wiederholen. Bei den Reitabzeichen 10 bis 6 werden immer alle Teilprüfungen wiederholt.
Die Reitabzeichen 10 bis 6 können beliebig oft und in beliebiger Reihenfolge abgelegt werden.

Zulassung

Zugelassen zur Reitabzeichenprüfung sind Kinder, Jugendliche und Erwachsene, die an einem Vorbereitungslehrgang teilgenommen haben. Die zugelassenen Pferde müssen mindestens 5 Jahre alt sein. Pro Tag darf ein Pferd maximal 5mal in gerittenen Prüfungen eingesetzt werden.

Ausrüstung

- **Reiter:** In den Reitabzeichenprüfungen 10 bis 6 ist eine fachgerechte und sichere Reitausrüstung vorgeschrieben, das heißt Reithelm, Handschuhe, eng anliegende Oberbekleidung, Reitstiefel oder knöchelhohes Schuhwerk mit Absatz und Hose. Turnierkleidung ist nicht erforderlich.
- **Pferd:** Das Pferd ist mit Sattel (beim RA 10 auch ohne Sattel oder mit Gurt) und Trense ausgerüstet; Hilfszügel sind zugelassen (Dreieckszügel, Laufferzügel, Ausbinder, Martingal), beim Springen ist nur das Martingal zugelassen.

Beim RA 10 reitest du mit Gurt oder Sattel an der Longe oder geführt.

RA 10

Reitabzeichen 10 (RA 10)

Anforderungen im praktischen Reiten

Du reitest (mit oder ohne Sattel oder Gurt) an der Longe im Schritt und Trab, Galopp kann auch gezeigt werden. Oder du reitest in einer Gruppe mit bis zu vier Reitern in der Reitbahn. Oder du wirst im Schritt und Trab geführt. Außerdem kannst du auch im Gelände reiten – du reitest im Trab und Schritt am Führzügel und zeigst vielleicht auch schon das Reiten über eine Wellenbahn, kleine Stufen oder unterschiedliche Böden.

Stationsprüfungen

Station 1: Pferdepflege

- Ort/Material: Stallgasse, angebundenes Pferd/Pony, Putzzeug, Sattel, Trense
- Mögliche Aufgaben:
  - Putzen mit Striegel und Kardätsche
  - Huf- und Schweifpflege
  - Versorgen des Pferdes/Ponys nach der Arbeit
  - Mithilfe beim Satteln und Trensen

Station 2: Bodenarbeit und Pferdeverhalten

- Ort: Stallgasse, Box
- Ausrüstung Pferd: Stallhalfter mit Führstrick oder Knotenhalfter mit Bodenarbeitsseil, zum Anbinden Stallhalfter und Anbindestrick
- Ausrüstung Reiter: Handschuhe empfohlen, Reithelm freiwillig
- Mögliche Aufgaben:
  - Ansprechen und Annähern an das Pferd
  - Führen und Halten an einem vorgegebenen Punkt
  - Anbinden
  - Sicherheit auf der Stallgasse

Während oder nach der Bodenarbeit zeigst du, dass du die Natur des Pferdes verstanden hast und weißt, wie du mit Pferden richtig umgehst. Du kannst zum Beispiel erklären, warum ein Sicherheitsknoten gemacht wird oder warum du dein Pferd ansprichst, bevor du in die Box gehst.

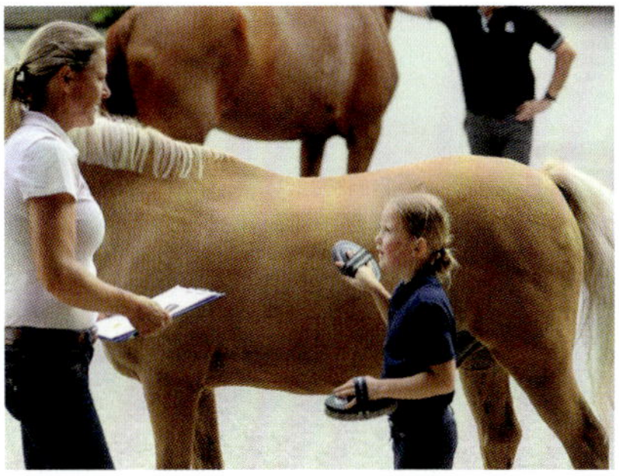

Du zeigst, dass du schon Putzen ...

... und in der Abteilung reiten kannst.

RA 9 Reitabzeichen 9 (RA 9)

➤ **Anforderungen im praktischen Reiten**

- Du reitest in der Gruppe mit bis zu 6 Reitern im Schritt, Trab und Galopp in einer eingezäunten Reitbahn. Der Galopp kann auch einzeln und zunächst an der Longe absolviert werden.
- Dein Ausbilder weist an, welche Gangart und welche Hufschlagfiguren geritten werden.
- Außerdem kannst du freiwillig im Gelände reiten. Es wird im Außengelände in den drei Grundgangarten geritten (einzeln, hintereinanderher oder nebeneinander). Dabei kannst du schon über verschiedene Böden, eine Wellenbahn, kleine Stufen etc. reiten.

Stationsprüfungen

Station 1: Vorbereitung des Pferdes zum Reiten

➤ Ort/Material: Stallgasse, angebundenes Pferd/Pony, Putzzeug, Sattel, Trense

➤ Mögliche Aufgaben:

- Pflege, Putzen
- Mithilfe beim Satteln und Trensen
- Einstellen der Steigbügel

Station 2: Bodenarbeit und Pferdeverhalten

➤ Ort/Material: Stallgasse, Box, angebundenes Pferd, Poster *1 x 9 der Pferdefreunde*

➤ Ausrüstung Pferd: Stallhalfter mit Führstrick oder Knotenhalfter mit Bodenarbeitsseil, zum Anbinden Stallhalfter mit Anbindestrick, Trense beim Führen erlaubt

➤ Ausrüstung Reiter: Handschuhe empfohlen, Reithelm freiwillig, Gerte erlaubt

➤ Mögliche Aufgaben (aufbauend auf den Inhalten des RA 10):

- Führen geradeaus von beiden Seiten
- das angebundene Pferd zur Seite weichen lassen
- Passieren anderer Pferde

Während oder nach der Bodenarbeit zeigst du, dass du die Natur des Pferdes verstanden hast und weißt, wie du mit Pferden richtig umgehst. Du kannst die Ethischen Grundsätze mit Beispielen erläutern und erkennst die Körpersprache und die Gesichtsausdrücke des Pferdes. Du kannst das Verhalten deines Pferdes anhand von Beispielen im Alltag erklären und weißt, wie du damit umgehen musst.

RA 8 Reitabzeichen 8 (RA 8)

Anforderungen im praktischen Reiten

➤ **1. Teilprüfung Dressur**

Du stellst dein Pferd nach Weisung des Ausbilders in Anlehnung an einen Reiterwettbewerb gemäß WBO vor. Dabei reitest du in einer Gruppe mit maximal 4 Reitern auf beiden Händen in den drei Grundgangarten und mit einfachen Hufschlagfiguren. Das Reiten ohne Bügel zeigst du mindestens im Schritt.

➤ **2. Teilprüfung Reiten im leichten Sitz**

Hier reitest du eine Geschicklichkeitsaufgabe mit verschiedenen Aufgaben. Dabei zeigst du das Reiten im leichten Sitz mit verkürzten Bügeln im Trab und Galopp und über Bodenricks und Cavaletti.

Im Trab durch einen Slalom reiten

Das Reiten im Gelände kannst du entweder zusätzlich zur zweiten Teilprüfung „Reiten mit verkürzten Bügeln" oder als Ersatz dafür ablegen. Es wird im Außengelände in den drei Grundgangarten geritten (einzeln, hintereinanderher oder nebeneinander). Der leichte Sitz wird in den drei Grundgangarten und beim Bergauf-/Bergabreiten geprüft.

Die Teilprüfungen 1 und 2 können entweder in einer kombinierten Dressur-Geschicklichkeitsaufgabe oder in zwei Teilen geritten werden.

➤ **Aufgabe RA 8 (2 bis 4 Reiter hintereinander)**

	Auf der rechten Hand im Mittelschritt Abteilung bilden.
K-H	Abteilung im Arbeitstempo - Trab, leichttraben (1-mal herum).
M-X-K	Durch die ganze Bahn wechseln.
C-X-C-X-C	Aussitzen und auf dem Zirkel geritten (2-mal herum). (Auf dem ersten Zirkel zur geschlossenen Zirkelseite) Abteilung im Arbeitstempo Galopp - Marsch (1-mal herum). (Zur geschlossenen Zirkelseite) Abteilung im Arbeitstempo - Trab.
C	Ganze Bahn.
K-F	Abteilung Schritt - Mittelschritt.
B-H	Durch die halbe Bahn wechseln.
H-M	Abteilung im Arbeitstempo - Trab.
A-X-A-X-A	Auf dem Zirkel geritten (2-mal herum). (Auf dem ersten Zirkel zur geschlossenen Zirkelseite) Abteilung im Arbeitstempo Galopp - Marsch (1-mal herum). (Zur geschlossenen Zirkelseite) Abteilung im Arbeitstempo - Trab.
A	Ganze Bahn.
K-H	Abteilung Schritt - Mittelschritt.
H-M	Abteilung Halt. Bügel überlegen. Abteilung Marsch - Mittelschritt.
K-H	Anfang rechts dreht, links marschiert auf - Marsch. (Wenn der Anfangsreiter die Verbindungslinie der beiden Punkte E-B erreicht) Anfang - Halt. Bügel wieder aufnehmen.

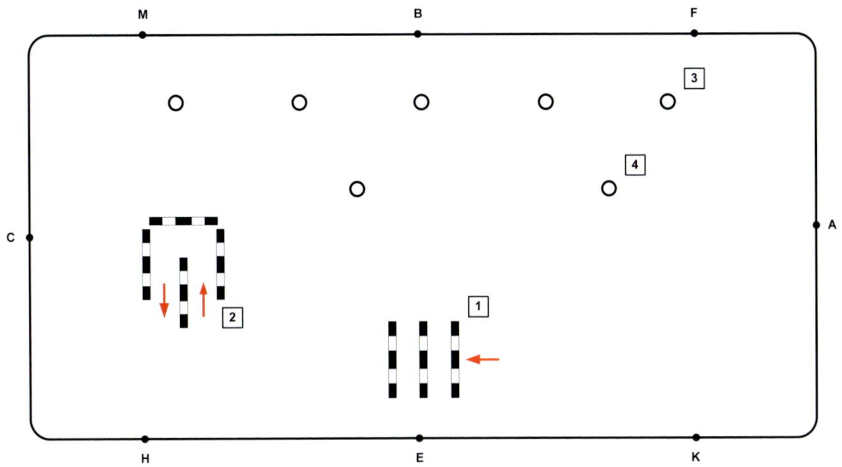

Beispiel für einen Geschicklichkeitsparcours

Wird die zweite Teilprüfung direkt angeschlossen, werden die Bügel entsprechend verkürzt. Dann absolviert jeder Reiter einzeln den Geschicklichkeitsparcours.

➤ **Beispiel für einen Geschicklichkeitsparcours RA 8**

M-F Im Arbeitstempo antraben, leichttraben.
Nach A Auf die Viertellinie abwenden, im leichten Sitz über die Bodenricks (1) traben.
Zwischen C und M Mittelschritt.
Nach M Rechts um. Im Mittelschritt durch das Labyrinth (2) reiten.
H Linke Hand. Im Arbeitstempo antraben, leichttraben.
F-M Im Leichttraben mit Fußwechsel durch den Slalom (3) reiten.
C-X-C-X-C Auf dem Zirkel geritten, aussitzen. (Auf dem ersten Zirkel zur geschlossenen Zirkelseite) im Arbeitstempo links angaloppieren, leichter Sitz (1-mal herum). (Zur geschlossenen Zirkelseite) im Arbeitstempo Trab.
C Leichttraben, ganze Bahn.
Zwischen K und A Mittelschritt.
A Auf die Mittellinie abwenden. Zügel in eine Hand nehmen, am ersten Ständer einen Becher/Ring/Ball aufnehmen und einhändig zum zweiten Ständer transportieren (4). Zügel wieder aufnehmen.
C-X-C-X-C Rechte Hand, auf dem Zirkel geritten und im Arbeitstempo antraben. (Auf dem ersten Zirkel zur geschlossenen Zirkelseite) im Arbeitstempo rechts angaloppieren, leichter Sitz (1-mal herum). (Zur geschlossenen Zirkelseite) im Arbeitstempo Trab.
C Ganze Bahn
An der langen Seite durchparieren zum Mittelschritt und am langen Zügel die Bahn verlassen.

Stationsprüfungen

Station 1: Reitlehre (Sitzformen, Hufschlagfiguren, Bahnordnung, beginnende Einwirkung)

➤ Ort/Material: Reithalle, Holzpferd, Viereck

➤ Mögliche Aufgaben:

- Sitzformen, ihre Merkmale und Besonderheiten

Bei der Stationsprüfung zeigst du dein Wissen rund um's Pferd.

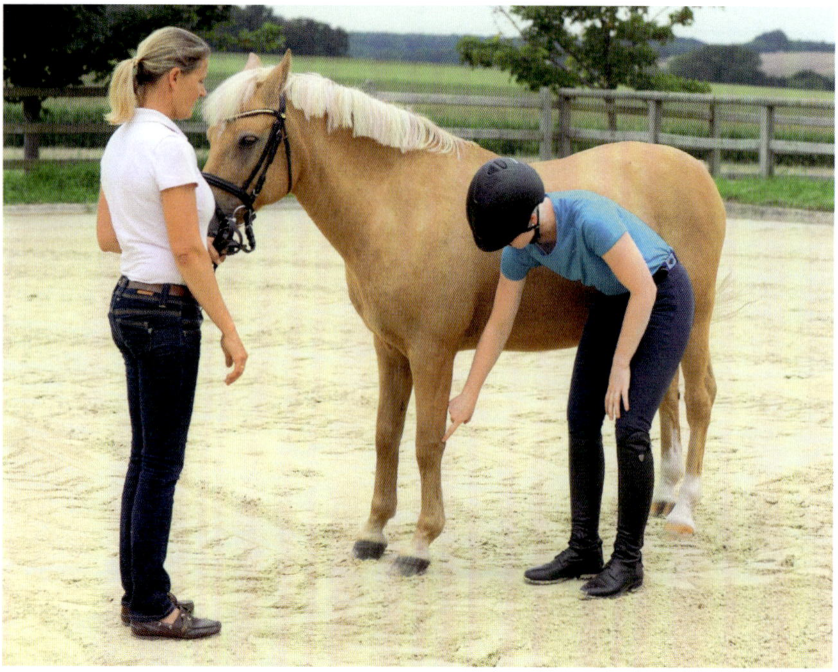

- Hufschlagfiguren und Bahnordnung mit Beispielen erläutern
- Verknüpfung deines Wissens mit deinem eigenen Reiten in der Prüfung: Du kannst zum Beispiel erläutern, welche Hufschlagfigur dir besonders gut gelungen ist und worauf du in Bezug auf deinen Sitz noch achten musst.

Station 2: Rassen, Farben, Abzeichen, Körperbau

- Ort/Material: Stall/Stallgasse, angebundenes Pferd oder Pferde auf der Weide
- Mögliche Aufgaben:
  - Erkennen verschiedener Rassen, Farben, Abzeichen
  - Zeigen oder Markieren bestimmter Körperteile

Station 3: Bodenarbeit und Pferdeverhalten

- Ort: Stallgasse und/oder Außenplatz
- Ausrüstung: Pferd: Stallhalfter mit Führstrick oder Knotenhalfter mit Bodenarbeitsseil oder Trense; zum Anbinden: Stallhalfter mit Anbindestrick
- Ausrüstung Reiter: Handschuhe und Reithelm empfohlen, Gerte erlaubt
- Mögliche Aufgaben (aufbauend auf den Inhalten des RA 9):
  - Slalom
  - Gangmaßwechsel im Schritt

Während oder nach der Bodenarbeit zeigst du, dass du die Natur des Pferdes verstanden hast und weißt, wie du mit Pferden richtig umgehst. Du erläuterst dabei dein Handeln, deine Körperhaltung und Signalgebung und verknüpfst das mit dem Pferdeverhalten. Du erklärst zum Beispiel, warum die äußere Hand beim Wenden angehoben werden kann und wie du den Gangmaßwechsel einleitest.

RA 7 Reitabzeichen 7 (RA 7)

Anforderungen im praktischen Reiten

➤ 1. Teilprüfung Dressur

Du stellst dein Pferd in einer Reitbahn mit Bahnpunkten vor. Dabei zeigst du einzeln oder zu zweit eine mit dem Ausbilder erarbeitete Aufgabe in Anlehnung an einen Reiter-WB gemäß WBO. Du reitest in allen drei Grundgangarten unterschiedliche Hufschlagfiguren. Das Reiten ohne Bügel zeigst du dabei mindestens im Trab.

➤ Beispiel für eine Dressurreiteraufgabe beim RA 7 (einzeln):

A-X	Einreiten im Mittelschritt.
X	Im Mittelpunkt halten. Grüßen. Im Mittelschritt anreiten.
C	Rechte Hand.
B	Im Arbeitstempo antraben, leichttraben.
K-B	Durch die halbe Bahn wechseln.
C-X-C-X	Aussitzen, auf dem Zirkel geritten. (Zur geschlossenen Zirkelseite) im Arbeitstempo links angaloppieren, (1-mal herum) dann Übergang zum Trab.
C-X-A	Aus dem Zirkel wechseln.
X-A-X-A	(Zur geschlossenen Zirkelseite) im Arbeitstempo rechts angaloppieren (1-mal herum)
A	Mitte der kurzen Seite Arbeitstrab, ganze Bahn.
K-H	Einfache Schlangenlinie.
C	Mitte der kurze Seite Mittelschritt.
M-F	An der langen Seite halten, Bügel überlegen, danach im Mittelschritt anreiten.
A-X	Im Arbeitstempo antraben und auf dem Zirkel geritten (½-mal herum).
X-C	Aus dem Zirkel wechseln (½-mal herum).
C	Ganze Bahn.
H-X-F	Durch die ganze Bahn wechseln.
F	Mittelschritt.
A	Auf die Mittellinie abwenden.
X	Im Mittelpunkt halten. Grüßen.
	Im Mittelschritt am langen Zügel die Bahn verlassen.

Beim RA 7 meisterst du schon einen Caprilli-Test.

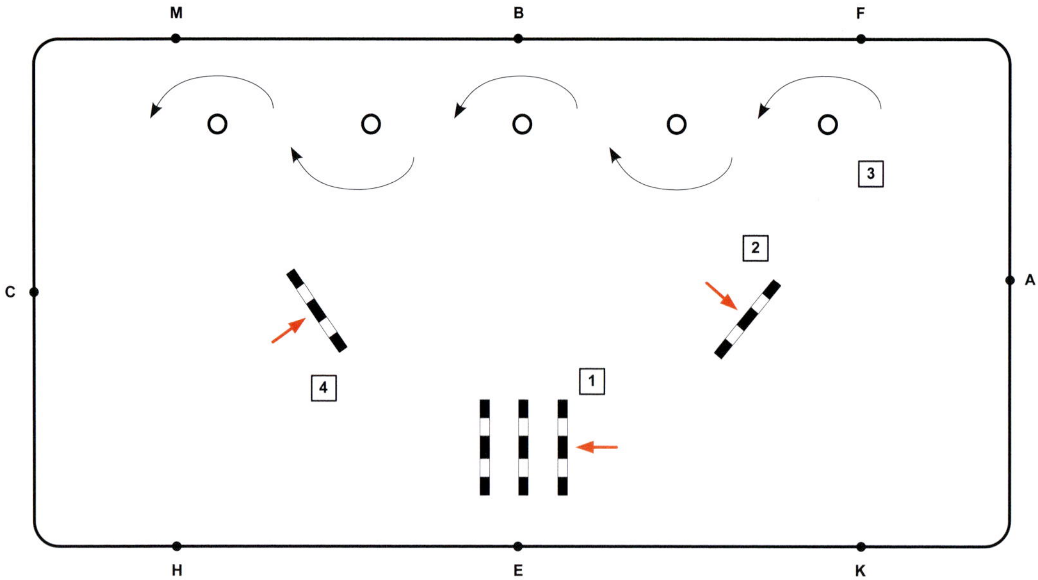

Hindernisse als Kreuz oder Steilsprung oder Cavaletti

Hindernis 2 aus dem Trab: ca. 30 cm hoch

Hindernisse 4: ca. 40 cm hoch

Abstand der Slalomkegel: ca. 6 m

➤ 2. Teilprüfung Springen

Du stellst dich im leichten Sitz und mit verkürzten Bügeln in allen drei Grundgangarten und über niedrige Hindernisse vor (Anforderungen analog Caprilli-Test). Dabei kannst du einen Parcours aus dem Merkblatt oder einen Caprilli-Test aus der WBO nutzen. Du kannst aber auch gemeinsam mit deinem Ausbilder einen Parcours entwickeln, der den Anforderungen entspricht. Die Hindernishöhe beträgt 30 bis 40 cm – das ist ein hochgestelltes Cavaletti. Du kannst auch über Kreuze oder Steilsprünge springen.

➤ Beispiel für einen Caprilli-Test für die Teilprüfung „Reiten im leichten Sitz und über Bodenricks":

M-F	Im Arbeitstempo antraben, leichttraben.
Nach A	Auf die Viertellinie abwenden, im leichten Sitz über die Bodenricks (1) traben.
Nach M	Durch die Bahn wechseln, dabei aus dem Trab über den Kreuzsprung (2) springen. Weiter im Linksgalopp.
A	Auf dem Zirkel geritten (1-mal herum). Ganze Bahn und im Arbeitstempo Trab, leichttraben .
F-M	Im Leichttraben mit Fußwechsel durch den Slalom (3) reiten.
C	Auf dem Zirkel geritten, im Arbeitstempo links angaloppieren, leichter Sitz (1-mal herum). Ganze Bahn.
H	Durch die Bahn wechseln, dabei über das Hindernis (4) springen. Weiter im Rechtsgalopp.
A	Auf dem Zirkel geritten (1-mal herum), dann durchparieren zum Arbeitstrab, leichttraben und ganze Bahn. An der langen Seite aussitzen, Durchparieren zum Mittelschritt und die Bahn verlassen.

Das Reiten im Gelände kannst du entweder zusätzlich zur zweiten Teilprüfung „Reiten mit verkürzten Bügeln" oder als Ersatz dafür ablegen. Es wird im Außengelände in den drei Grundgangarten geritten (einzeln, hintereinanderher oder nebeneinander). Der leichte Sitz wird in den drei Grundgangarten, in verschiedenen Tempi und beim Bergauf-/Bergabreiten geprüft.

Stationsprüfungen

Station 1: Reitlehre (Gangarten, Hufschlagfiguren und Abteilungsreiten)

- Ort: Reitbahn
- Mögliche Aufgaben:
  - Du beobachtest gemeinsam mit dem Prüfer einige Reiter und ihre Pferde in der Reitbahn. Dabei erläuterst du zum Beispiel die Bahnregeln.
  - In einem kleinen Teil der Reitbahn ist ein Mini-Viereck angelegt. Dort läufst du (z.B. mit einem Steckenpferd) ein paar Hufschlagfiguren vor.
  - Dein Pferd ist in verschiedenen Farben bandagiert. An der Longe erklärst du, wie sich dein Pferd in den drei Grundgangarten Schritt, Trab und Galopp bewegt.
  - Verknüpfung deines Wissens mit deinem eigenen Reiten in der Prüfung: Du kannst zum Beispiel erklären, worauf du bei deinem Pferd in welcher Gangart besonders achten musst und wie du beim Reiten in der Gruppe auf den passenden Abstand achtest.

Station 2: Sicherheit und Unfallverhütung im Umgang und beim Reiten, Ethische Grundsätze

- Ort: Reitbahn oder Stallgasse
- Mögliche Aufgaben:
  - Sicherheitsaspekte zum Putzen, Satteln, Trensen, Anbinden, zum Führen in die Reitbahn, zur Weide, auf den Paddock erläutern
  - Maßnahmen zur Unfallverhütung im Stall beschreiben
  - Beispiele für die praktische Umsetzung der ethischen Grundsätze nennen

Station 3: Bodenarbeit und Pferdeverhalten

- Ort: Reitbahn
- Ausrüstung Pferd: Stallhalfter mit Führstrick oder Knotenhalfter mit Bodenarbeitsseil oder Trense
- Ausrüstung Reiter: Handschuhe empfohlen, Reithelm freiwillig, Gerte erlaubt
- Mögliche Aufgaben (aufbauend auf den Inhalten des RA 8):
  - Führen von Hufschlagfiguren (z.B. Volte, Aus-der-Ecke-kehrt, einfache Schlangenlinie)
  - Traben auf gerader Linie
  - Rückwärtstreten lassen

Während oder nach der Bodenarbeit zeigst du, dass du die Natur des Pferdes verstanden hast und weißt, wie du mit Pferden richtig umgehst. Du erläuterst dabei dein Handeln, deine Körperhaltung und Signalgebung und verknüpfst das mit dem Pferdeverhalten. Du erklärst zum Beispiel, wie du die Übergänge einleitest und warum Bodenarbeit für die Sicherheit wichtig ist.

Vormustern auf der Dreiecksbahn beim RA 6

RA 6 Reitabzeichen 6 (RA 6)

Anforderungen im praktischen Reiten

➤ **1. Teilprüfung Dressur**

Du stellst dein Pferd einzeln oder zu zweit in einer Aufgabe in Anlehnung an einen Dressurreiter-WB gemäß WBO vor. Dafür kannst du die Beispielaufgabe nutzen oder eine andere Aufgabe aus dem Merkblatt oder aus der WBO. Du zeigst das Reiten ohne Bügel in allen drei Grundgangarten. Das Bügel-Überlegen kann vor oder nach der Aufgabe stattfinden oder innerhalb der Aufgabe.

➤ **Beispiel Dressurreiteraufgabe für das RA 6 (einzeln)**

A-X	Im Mittelschritt auf die Mittellinie abwenden. X Halten, Grüßen. Im Arbeitstempo antraben, leichttraben.
C	Rechte Hand.
M-E	Durch die halbe Bahn wechseln.
E	Aussitzen.
A-X-A	Auf dem Zirkel geritten.
X-A-X-A	(Zur geschlossenen Zirkelseite) im Arbeitstempo links angaloppieren (1½-mal herum).
A	Ganze Bahn.
M	Im Arbeitstempo Trab.
E	(Mitte der langen Seite) Mittelschritt.
A	(Mitte der kurzen Seite) Halten, Bügel überlegen, danach im Mittelschritt anreiten.
F-E	Durch die halbe Bahn wechseln.
E	(Mitte der langen Seite) im Arbeitstempo antraben.
C-X-C	Auf dem Zirkel geritten.
X-C-X-C	(Zur geschlossenen Zirkelseite) im Arbeitstempo rechts angaloppieren (1½-mal herum).
C	Ganze Bahn.
F	Im Arbeitstempo Trab.
A-X	Auf die Mittellinie abwenden. X Halten, Grüßen. Im Mittelschritt am langen Zügel die Bahn verlassen.

Weitere Beispielaufgaben findest du im Merkblatt über diesen QR-Code.

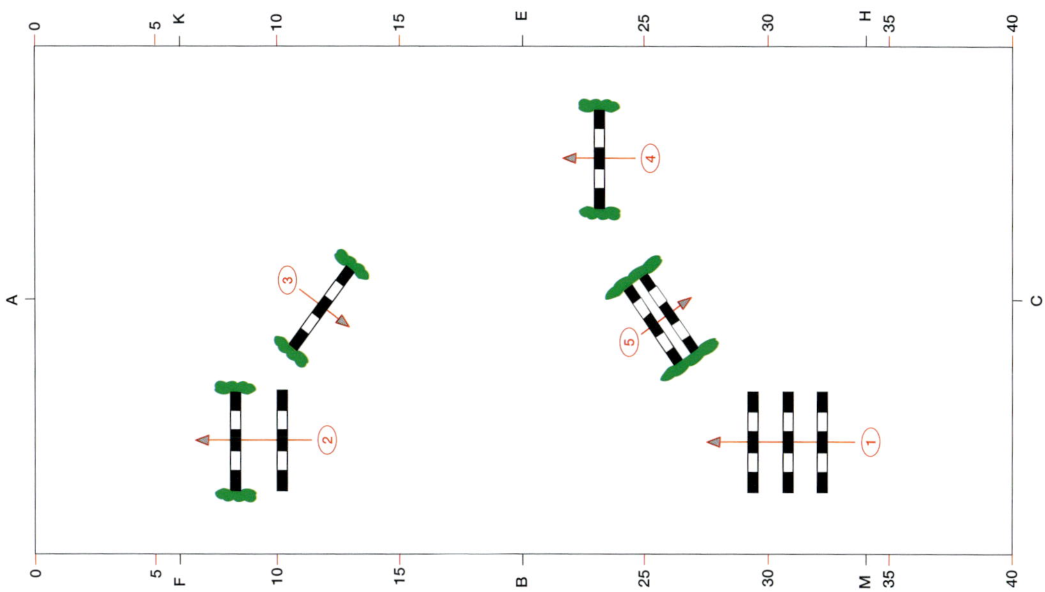

➤ **2. Teilprüfung Springen**

Du stellst dich im Reiten im leichten Sitz vor und absolvierst einen Parcours auf dem Niveau eines Springreiter-WBs gemäß WBO mit mindestens 5 Hindernissen, davon sind mindestens zwei aus dem Galopp zu springen. Die Höhe der Hindernisse beträgt 40 bis 60 cm.

Du kannst den Beispielparcours verwenden oder einen anderen Parcours aus der WBO. Es können auch eigene Parcours innerhalb der festgelegten Anforderungen entwickelt werden.

➤ **Beispielparcours 4/0 aus der WBO:**

Trab rechte Hand über Stangen, geradeaus Sprung 2 aus dem Trab, (mit vorgelegter Stange), im Trab weiter zu 3, weiter im Galopp über 4 und 5 (kleiner Oxer), rechts beenden.

Das Reiten im Gelände kannst du entweder zusätzlich zur zweiten Teilprüfung „Reiten mit verkürzten Bügeln" oder als Ersatz dafür ablegen. Die Anforderungen sind einem Geländereiterwettbewerb entsprechend.

Stationsprüfungen

Station 1: Reitlehre (Sitz, Gangarten, Einwirkung und Grundübungen) in Verbindung mit dem praktischen Reiten

➤ Im Anschluss an das praktische Reiten findet ein Reflexionsgespräch statt. Hierbei zeigst du, dass du die Grundlagen der Reitlehre kennst und mit deinem eigenen Reiten in Zusammenhang bringen kannst. Dein eigenes Reiten bildet dabei immer die Ausgangslage: Du beschreibst zunächst, was dir in der Prüfung schon gut gelungen ist und was du noch verbessern kannst. Darauf aufbauend erfolgt dann ein Gespräch über einzelne Themen der Reitlehre (zum Beispiel Sitz und Einwirkung beim Angaloppieren oder beim Reiten auf einem Zirkel).

Führen eines Bodenarbeitsparcours beim RA 6

Station 2: Pferdehaltung, Fütterung und Pferdegesundheit

- Ort: Stallgasse, Futterkammer,
- Mögliche Aufgaben:
  - verschiedene Futtersorten erkennen und erklären
  - Aspekte zur Pferdegesundheit am angebundenen Pferd aufzeigen
  - Stallklima im Pferdestall beschreiben
  - unterschiedliche Haltungsformen erläutern

Station 3: Bodenarbeit und Pferdeverhalten

- Ort: Reitbahn
- Ausrüstung Pferd: Trense; beim Verladen: Halfter
- Ausrüstung Reiter: Handschuhe empfohlen, Reithelm freiwillig, Gerte erlaubt
- Aufgaben (aufbauend auf den Inhalten des RA 7):
  - Vormustern auf der Dreiecksbahn
  - Sicherheit beim Verladen und Mithilfe beim Verladen
  - Führen im öffentlichen Raum

Während oder nach der Bodenarbeit zeigst du, dass du die Natur des Pferdes verstanden hast und weißt, wie du mit Pferden richtig umgehst. Du erläuterst dabei dein Handeln, deine Körperhaltung und Signalgebung und verknüpfst das mit dem Pferdeverhalten. Du erläuterst zum Beispiel, wie du in der Bodenarbeit mit deinem Pferd kommunizierst und wie du besondere Herausforderungen beim Führen meisterst

Fotos

Archiv der Deutschen Reiterlichen Vereinigung e.V. (FN), Warendorf: Seiten 4, 6, 9, 11, 12, 13 li., 15, 16, 19 (2), 20, 21 u., 22, 25, 26, 28, 33 (2), 34 (2), 35, 36, 51 (3), 65, 66 u. (2), 69 u., 71, 72 (2), 73 (2), 74 (3), 75, 76, 77, 78, 79 (2), 80, 81 (3), 82 (2), 83 (3), 84, (2), 87 (2), 88 (2), 89 (2), 91 li., 92 o., 94, 96, 97 (2), 98, 99, 103 (2), 105, 107, 109, 111, 113 u., 121, 122, 124 re., 125 (2), 128, 132, 134 (© Thoms Lehmann);
Seite 24 (© Kiki Beelitz);
Seiten 8, 28, 29, 85, 92 u., 110, 114, 116, 118, 119 (2), 120 (2), 129 (© Stefan Lafrentz);
Seiten 7, 16, 18, 21 o., 23 (© Annette von Hartmann)
Seite 32 (© Alina Stratmann)

Reitschule Altrogge-Terbrack, Nottuln: Seite 46, 48 (entnommen aus *Kinderreitunterricht. Kreativ und vielseitig gestalten* von Dr. Meike Riedel und Lina Sofie Otto, Deutsche Reiterliche Vereinigung e.V. (FN) (Hrsg.), FNverlag, Warendorf 2019)

Kiki Beelitz, Hanstedt: Seite 17 (entnommen aus *Die Grundschule des Pferdes. Vom Fohlen zum Reitpferd. Vom Boden bis in den Sattel* von Waldtraud Böhmke, FNverlag, Warendorf 2018)

NRW-Landgestüt, Georg Frerich, Warendorf: Seite 38

Gerlinde Hoffmann, Warendorf: Seite 47 (entnommen aus *Pferdehaltung, Ställe und Reitanlagen. Orientierungshilfen für Bau und Modernisierung* von Gerlinde Hoffmann, Deutsche Reiterliche Vereinigung e.V. (Hrsg.), FNverlag, Warendorf 2019)

Helle Katrine Kleven, Vaterstetten: Seite 68 (entnommen aus *Biomechanik und Physiotherapie für Pferde* von Helle Katrine Kleven, FNverlag, Warendorf 2020)

Pferdefotografie Stefan Lafrentz, Plön: Seiten 45, 50, 52, 60

Peter Prohn, Barmstedt: Seite 55 (2) (entnommen aus *Pferdegesundheitsbuch* von Dr. med. vet. Beatrice Dülffer-Schneitzer, FNverlag, Warendorf 2019)

Ute Schmoll, Bad Schwalbach: Seite 27, 43 o.

Christiane Slawik, Würzburg: Seiten 10, 13 re., 41, 43 u., 44, 54, 57, 59, 61, 63, 100, 101, 102, 106

Inge Vogel, Langwedel: Seiten 66 o., 90, 91 li., 124 li. (entnommen aus *Kinderreitunterricht. Kreativ und vielseitig gestalten* von Dr. Meike Riedel und Lina Sofie Otto, Deutsche Reiterliche Vereinigung e.V. (FN) (Hrsg.), FNverlag, Warendorf 2019); 112, 113 o., 126

Illustrationen
Achim Beier Design, Bielefeld: Seiten 39, 40 (entnommen aus *Grundwissen zur Haltung, Fütterung, Gesundheit und Zucht, Richtlinien für Reiten und Fahren, Band 4*, Deutsche Reiterliche Vereinigung e.V. (Hrsg.), FNverlag, Warendorf 2019

Jeanne Kloepfer, Winterkasten: Seite 15, 42, 78 (entnommen aus *FN-Abzeichen. Basispass Pferdekunde* von Isabelle von Neumann-Cosel, Deutsche Reiterliche Vereinigung e.V. (Hrsg.), Warendorf 2001)

Cornelia Koller, www.corneliakoller.de: Seiten 17, 70, 71, 86 (entnommen aus *Grundausbildung für Reiter und Pferd, Richtlinien für Reiten und Fahren, Band 1*, Deutsche Reiterliche Vereinigung e.V. (Hrsg.), FNverlag, Warendorf 2019)

Uwe Spenlen, Rösrath: Seite 37 (entnommen aus *Anatomie des Pferdes* von Bodo Hertsch, FNverlag, Warendorf 2012

www.fnverlag.de

Pferdeführerscheine

Sicherheit - Verantwortung - Tierwohl

Wir lieben Pferde! Deshalb tun wir alles dafür, dass sie zu jeder Zeit gut aufgehoben sind. Die beiden Pferdeführerscheine Umgang und Reiten schaffen Standards in der Ausbildung, die bundesweit gültig sind. Sie belegen also klar und deutlich, dass jeder, der mit Pferde zu tun hat, auch über das nötige Wissen und Können verfügt. Das kommt nicht nur den Pferden selbst zugute, sondern trägt auch insgesamt zu mehr Sicherheit bei. Die Führerscheine sind damit ein transparenter Kompetenznachweis für alle Pferdefreunde. Sie bilden die Grundlage für sicheres und harmonisches Miteinander von Mensch und Pferd.

Pferdeführerschein Umgang mit dem Pferd

Aus dem Inhalt:

- Pferdeverhalten und fachgerechter Umgang
- Pferdepflege und Anlegen von Ausrüstung
- Körperbau, Rassen, Zucht
- Haltung und Bewegungsangebote
- Fütterung
- Gesundheitsfürsorge, Krankheiten
- Sicheres Führen, Bewältigen von alltäglichen Situationen mit dem Pferd, Bodenarbeit
- Umgang im öffentlichen Raum und im Straßenverkehr, Verladen

ISBN 978-3-88542-816-9

Pferdeführerschein Reiten

Aus dem Inhalt

- Natürliches Pferdeverhalten im Gelände
- Grundkenntnisse der Reitlehre
  - → Sitz und Einwirkung
  - → Ausbildung und Training
- Planung und Durchführung eines Rittes (alleine oder in der Gruppe)
  - → sichere Ausrüstung für Pferd und Reiter
- Gesetzliche Regelungen für das Reiten im öffentlichen Raum und im Straßenverkehr
- Pferdegesundheit, Tierwohl, Erste Hilfe für Pferd und Reiter
- Verantwortung gegenüber Mitreitern und anderen Naturfreunden

ISBN: 978-3-88542-817-6